Zwei Jahrtausende Kindheit

Zwei Jahrtausende Kindheit

Marie-Louise Plessen
Peter von Zahn

Verlagsgesellschaft
Schulfernsehen
vgs

CIP-Kurztitelaufnahme der Deutschen Bibliothek

Plessen, Marie-Louise:
Zwei Jahrtausende Kindheit / Marie-Louise Plessen ;
Peter von Zahn. – 1. Aufl. – Köln : Verlagsgesellschaft
Schulfernsehen, 1979.
ISBN 3-8025-5007-2

NE: Zahn, Peter von:

1. Auflage

Umschlagentwurf: Elke Moldenhauer, Köln (Unter Verwendung von: Hans Memling, Altar des Wilhelm Moreel, Detail des Linken Flügels, Die Kinder des Stifters, 1484. Brügge, Musée Communal).
Reproduktion der Abbildungen: Light Art Production, Köln
Satz-, Druck- und Bindearbeiten: Offsetdruck Beltz, Hemsbach
ISBN 3-8025-5007-2

Vorwort

Kinder sind zwar der Stoff, aus dem Geschichte gemacht wird, aber sie hinterlassen wenig Spuren in der Geschichte. Wir sehen sie auf Vasen, Grabsteinen und Gemälden abgebildet. Doch wie bringt man sie zum Sprechen? Kindheit ist terra incognita. Betritt der Historiker dieses Gebiet, so ist er angewiesen auf spärliche Berichte, verfaßt aus der Perspektive von Erwachsenen, die ihre Kindheitserlebnisse zensiert, verdrängt, vergessen haben.

Wie tatsächlich Kinder in der Vergangenheit behandelt und großgezogen wurden und wie sie sich dabei fühlten – darüber schweigen sich die Quellen lange aus. Ein Kind war früher kein Gegenstand des Interesses für reife Menschen. Es galt als unfertiger Erwachsener, mehr nicht. Die erste glaubhafte Kindheitsbiographie stammt aus der Feder eines französischen Abtes zu Anfang des 12. Jahrhunderts. Die Verehrung eines Gottes, der als Säugling in der Wiege dargestellt wird, begann damals ihre Wirkung zu tun.

Die veränderte Einstellung zum Kind seit dem 18. Jahrhundert ist eine Begleiterscheinung gewaltiger sozialer und technischer Revolutionen. Sie bleibt aber unverständlich ohne Kenntnis der Erziehungstheorien, die eine nach der anderen, von den Anstandsregeln des Erasmus bis zu den Erkenntnissen Freuds unsere Zivilisation geprägt haben. Wir haben versucht, das Gerüst ihrer Theorien zu füllen mit Berichten über die Praxis der Kinderaufzucht in zwei Jahrtausenden.

Bei unserer Darstellung haben wir uns auf die abendländische Zivilisation seit Christi Geburt beschränkt. Es wäre zwar reizvoll, Parallelen zu ziehen zwischen Kindheiten in einem afrikanischen und – sagen wir – einem oberhessischen Dorf. Aber dann hätten wir uns auch gleich an eine Anthropologie von zwei Jahrtausenden machen können. Unsere Absicht war bescheidener, nämlich zu zeigen, daß unsere Art, Kinder zu sehen und zu behandeln, zeitbedingt und dauernden Wandlungen unterworfen ist.

Entstanden ist dieses Buch im Zusammenhang mit einer Fernsehserie der Windrose, die das Zweite Deutsche Fernsehen im Januar und Februar 1979 anläßlich des „Jahr des Kindes“ ausgestrahlt hat. Der Sendung vorausgegangen sind fast zwei Jahre Recherchen in den großen Bibliotheken und Museen Europas und Amerikas. Aufgrund dieser Recherchen hat Marie-Louise Plessen die Textillustration dieses Buches übernommen: Das Jahrhundert der Kinder ist auch ein Jahrhundert der Bilder.

Peter von Zahn

Inhalt

Ding oder Wesen

Erziehung vor zweitausend Jahren

Abb. links: Eine der frühesten Darstellungen des Bethlehemitischen Kindesmordes, der bis ins 19. Jahrhundert hinein ein immer wiederkehrendes Motiv der religiösen Ikonographie nach realistischen Elementen bleibt. Augsburger Evangeliar, 8. Jh. (Staatsbibliothek München)
Abb. Mitte: Aime, St. Martin, Bethlehemitischer Kindesmord, 2. Drittel 13. Jh.
Abb. rechts: Lucas Cranach, Der Bethlehemitische Kindesmord, um 1515 (Gemäldegalerie Dresden)

Am Anfang der christlichen Zeitrechnung steht eine Geburt und steht ein Massenmord. Während einer Volkszählung wird in der Stadt Bethlehem in Palästina ein Knabe geboren. Auf Grund einer Himmelserscheinung raunt man, das sei der künftige König der Juden. Nun gibt es aber einen regierenden König der Juden, der solche staatsfeindlichen Redensarten nicht schätzt. Sein Name ist Herodes, er ist ein hellenisierter Araber. Er hat vorzügliche Verbindungen zum Kaiser in Rom (der die Volkszählung angeordnet hatte) und kann sich so ziemlich alles leisten, was er will. Er ist gewohnt, Nachfolge-Probleme radikal zu lösen. Um in diesem Fall ganz sicher zu gehen, läßt er die Knaben Bethlehems unter zwei Jahren samt und sonders umbringen.

Die ältesten Berichte über dieses Gemetzel erzählen von Königen „aus dem Morgenland“, die dem Säugling Geschenke darbringen; auch von der gelungenen Flucht des Elternpaares mit ihrem Gott-Kind in die Wiege der Zivilisation, nach Ägypten, und dann von dem zwölfjährigen Jesus im Tempel. Da be-

Giotto, Strage degli Innocenti, Padua, Capella Scrovegni (13. Jh.)
Bethlehemitischer Kindesmord

herrscht dieses Wunderkind die religiösen Schriften schon so gut, daß es die Intellektuellen in Erstaunen setzen kann.

Der Evangelist Matthäus stellt wirklich alles auf den Kopf, wenn er von der Anbetung eines Kindes durch weise, weitgereiste Männer erzählt. Das ist eine Herausforderung des gesunden Menschenverstands seiner Zeitgenossen. Diese sehen im erfahrenen Mann das Lebens-Ideal, und nicht in der höchst fragwürdigen Göttlichkeit eines Neugeborenen.

Flucht nach Ägypten, Detail aus dem Figurenfries des Calvaire von Plougastel-Daoulas, Bretagne (spätes 16. Jh.). Jesus als Wickelkind

Matthäus benutzt eine gräßliche Szene – das Massaker der Kinder –, um das Einzigartige, Kostbare dieses Kindes und die ganz und gar neue Botschaft ins richtige Licht zu setzen. Vielleicht deshalb spricht er von dem Massenmord in Bethlehem ohne Anzeichen sonderlicher Gemütsbewegung, so als sei anderes gar nicht zu erwarten gewesen.
Er erzählt seine Geschichte auf griechisch, in einem Idiom also, das um das Jahr 70 im östlichen Teil des römischen Weltreichs als internationale Verkehrssprache gebraucht wurde. Die Griechen waren die

Kleinkind in tönernem Kinderstühlchen, von der Hausherrin beaufsichtigt. Innenbild einer Schale, 5. Jh. v. Chr. Eines der verschiedentlich ausgegrabenen Modelle befindet sich im Agora-Museum in Athen.

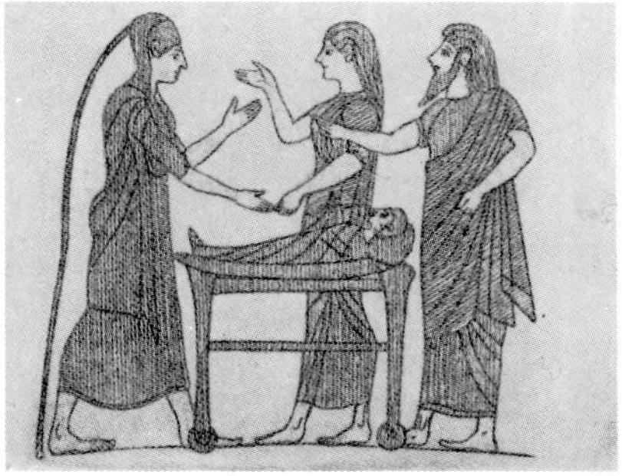

Vater und Mutter übergeben das Kind der Amme oder Kinderfrau. Es liegt gewickelt auf einem rollbaren Kinderbett. Vasenbild aus der zweiten Hälfte des 6. Jh. v. Chr.

Kind mit Spielwagen, vielleicht eine Nachahmung des „Schiffswagen" aus dem dreitägigen Fest der Anthesterien in Ionien. Griechische Vasenmalerei (London, British Museum)

Tanzunterricht für Mädchen, die Lehrerin spielt die Doppelflöte und schlägt mit dem Fuß den Takt dazu. An der Wand ein Flötenfutteral. Attische Darstellung aus der zweiten Hälfte des 5. Jh. v. Chr.

Unterricht im Lyraspiel und im Lesen. Im Unterschied zum ‚Paidagogos', der den Schüler in Anstandsregeln und ethischen Grundsätzen zu unterweisen hat, bringt der Elementarlehrer ihm Rechnen, Schreiben und Lesen bei. Schale des Duris, um 480 v. Chr. (Antikenmuseum Berlin)

kulturell tonangebende Schicht. Was sie ihren Kindern beibrachten, wurde von anderen Völkern bereitwillig aufgegriffen. Im Lauf der Jahrhunderte hatten sie eine Reihe von Theorien über die richtige Art der Kindesaufzucht entwickelt. Und nicht nur das, sie hatten sie auch ausprobiert.

Jede griechische Niederlassung machte es etwas anders. Gemeinsam war ihren Erziehungsmethoden jedoch, daß Mädchen schlechter wegkamen als Knaben, daß Kinder bis zum siebenten Jahr in der Obhut der Mutter blieben und daß sich dann ihr Lebenstraining nach den Bedürfnissen des Staates richtete.

Der griechische Staat war seit den Zeiten Homers eine aristokratische Männergesellschaft, die sich allmählich in einer Stadt – einer Polis – konkretisierte. Es war auch eine Kultgemeinschaft, aber die spielt für die Erziehung eine geringere Rolle. Sparta entwickelte den Typ „aristokratische Männergesellschaft“ besonders eindrucksvoll und behielt ihn viele Jahrhunderte lang bei. Die Kinder – zuzeiten sogar die Mädchen – wurden vor allem in den asketischen Disziplinen des Kriegers erzogen. Sie übten sich an den Waffen nach Jahrgängen zusammengefaßt und unter Aufsicht eines staatlichen Beamten; sie lebten kaserniert bei schmaler Kost und hartem Lager, wurden im Ertragen von Schmerzen abgehärtet und mußten sich Mutproben und Ausdauer-Prüfungen unterziehen, die uns heute geradezu sadistisch scheinen. Von den feineren Seiten des Lebens lernten sie nur Gesang und Flötenspiel kennen – im Sinne von Marschmusik. Die Manöver, in die sie zogen, waren äußerst realistisch. Sie dienten der Einübung von Brutalität – die Sklavenarbeiter und die rechtlosen Randstämme hätten sonst von der zahlenmäßig geringen spartanischen Elite nicht in Unterwürfigkeit gehalten werden können.

Was die Spartaner jahrhundertelang zu einem gefürchteten und bewunderten Militärstaat machte, war nicht in erster Linie ihre besondere Kampftechnik. Es war auch nicht das athletische Training des Einzelkämpfers von früher Jugend an. Was den Zeitgenossen solchen Respekt abnötigte, war der Zusammenhalt dieser Kriegergesellschaft auf dem Schlachtfeld. Nur der Tod konnte ihn lösen. Der Spartaner besaß eine besondere Moral, in die er bereits als Knabe hineinwuchs: die Moral der Männerfreundschaft. Ihren Gefühlskern bildete die lei-

Schüler beim Diskuswerfen, Ringen und Speerwerfen in der säulengetragenen Palaistra. Meßlatten und Reinigungsgeräte. Schalenbild, um 500 v. Chr.

Sportliche Ertüchtigung nackter Jünglinge als Vorbereitung auf den edlen Wettkampf (Agon). Vasenbild des Kleophrades-Malers Athen, um 500 v. Chr.

denschaftliche Beziehung zwischen dem älteren, erfahrenen und dem jüngeren, angehenden Krieger. Die spartanische Homosexualität hatte militärischen Charakter. Sie entstand auf dem Kasernenhof, wo durchweg nackt geübt wurde. Sie setzte sich fort in der Kameradschaft des Feldlagers, weit entfernt von Frauen und Müttern. Sie fand ihren Höhepunkt im Kampf, bei dem einer für den anderen das Letzte gab. Ehre, Treue, Hingabe, Opferbereitschaft hatten sowohl einen staatspolitischen Sinn als auch einen starken persönlich gefärbten Gefühlsinhalt. Die sexuelle Bindung verschweißte dieses Berufsheer von Liebhabern zu einer unüberwindlichen, stählernen Mauer.

Die spartanische Erziehung konzentrierte sich auf den Knaben. Frauen und Mädchen verschloß sich diese Männergesellschaft. Mädchen waren nötig, aber nur als Gebärmaschine für noch kräftigere Knaben. Wurde ein Mädchen zuviel geboren, beseitigte man es. Entsprach ein männlicher Sproß nicht dem körperlichen Standard, wurde er auf den Misthaufen geworfen.

In dieser Härte unterschied sich das spartanische Verhältnis zum Kinde nicht grundsätzlich von anderen griechischen Staaten. Sparta trieb das Prinzip nur auf die Spitze – bis zum eigenen Aussterben. Auch in anderen griechischen Staaten war die Knabenliebe verbreitet. Nur wurde sie nicht als feste Einrichtung im öffentlichen Leben verankert. Im Athen des Sokrates und des Plato (4. Jh. v. Chr.) gehörte sie als Nachklang der aristokratischen Kriegergesellschaft durchaus zu den Umgangsformen der guten Gesellschaft. „Glücklich, wer die Knaben liebt, die einhufigen Pferde, die Jagdhunde und den fremden Gast ..." hatte Solon zwei Jahrhunderte zuvor gedichtet. Aber die Athener wußten auch ihre Frauen zu schätzen. Sie bildeten keine Berufssoldaten aus, sondern Bürger – Teilnehmer an der Politik. Sie lebten nicht in einer totalitären, sondern offenen Gesellschaft. Sie machten aus der Knabenliebe keinen Fetisch. Während die Spartaner ihre Kinderaufzucht bis zum Kadavergehorsam vergröberten, betonten die Athener in ihrer Erziehung den freiwilligen Dienst am Staat. Zum höheren Ruhme der Stadt

Vater verabschiedet seinen Sohn der nach vollendeter Ephebenausbildung zur Grenzwacht oder in den Krieg zieht. Die Mutter (oder die Schwester) reicht ihm den Abschiedstrunk. Schalenbild 4. Jh. v. Chr.

Übungen zum Übergang in die militärische Ausbildung der Epheben, der wehrfähigen Jünglinge. Training im Bogenschießen; ein künstlicher Hahn dient als Zielscheibe. 4. Jh. v. Chr.

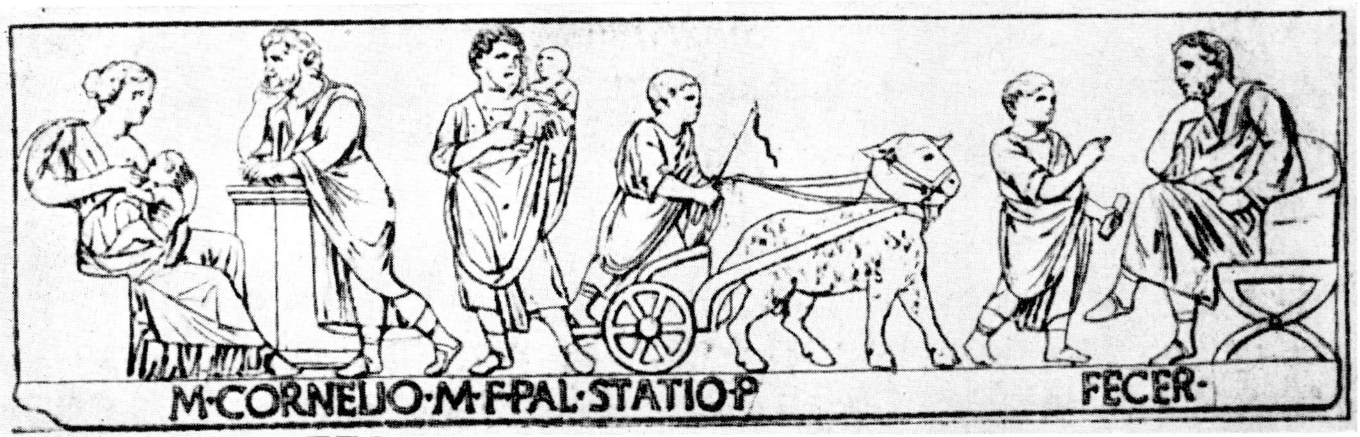

Römisches Kinderleben: Die Mutter stillt das Kind, Spiel mit Lammwägelchen, Überhören eines auswendig gelernten Textes aus der Bücherrolle. Relief auf einem Kindersarg aus der römischen Kaiserzeit.

entwickelten sie künstlerische und sportliche, ästhetische und rednerische Talente in ihren Kindern. Ihre Lehrer waren keine staatlichen Funktionäre, denen Peitschenträger zur sofortigen Bestrafung von Ungehorsam folgten, wie in Sparta. In Athen unterwiesen Privatdozenten, die ihren Lebensunterhalt mit Unterricht in den Wissenschaften verdienten.
Es war nicht die spartanische, sondern die athenische Methode (die hier sehr vereinfacht dargestellt ist), welche das Vorbild der hellenistischen Schule wurde. Homer stand am Anfang alles Lernens, nicht die Beinarbeit beim Ausfall mit der Lanze. Das Kind sollte zwar körperlich kräftig werden, aber auch in seinem Intellekt. Man wollte es nicht nur gehorsam haben, sondern schön, frei und gerecht. Wenn das so geprägte athenische Erziehungsideal nicht halbwegs erreichbar erschienen wäre, hätten es die gebildeten Schichten der nichtgriechischen Völker kaum so bereitwillig übernommen. Besonders nicht die nüchternen Römer. Die spartanische Erziehung ist als Ideal erst im achtzehnten Jahrhundert wieder entdeckt worden und hat seitdem durch ihre magische Wirkung auf Theoretiker der Staatsallmacht viel Unheil angerichtet, sowohl an den Kindern als auch in den Köpfen der Erwachsenen.

Zur Zeit des Kindermords von Bethlehem waren die Begriffe Kind und Kindheit bereits eine feste Verbindung mit römischen Traditionen eingegangen. Die Schriftsteller der Kaiserzeit übermitteln uns, was Recht und Staat des römisch-hellenistischen Weltreichs mit dem Menschen machten, solange er noch klein und jung war. So können wir uns die Vorgänge in der Wochenstube eines bessergestellten römischen Haushalts gegen Ende des ersten nachchristlichen Jahrhunderts etwa folgendermaßen vorstellen:
Während der Schwangerschaft ist pünktlich der für Entbindung zuständigen Schutzgöttin geopfert worden. Böse Geister werden aus der Wöchnerinnenstube und von dem Neugeborenen ferngehalten, indem ein Eselskopf am Bettpfosten befestigt wird. Die Mutter hofft, daß die Hebamme das Kind bei der Geburt nicht verletzt und daß es dem Ehemann und Vater möglichst ähnlich sieht. Denn: Ob dieses Kind am Leben bleibt und was aus ihm wird, hängt ganz und gar vom Belieben des Vaters ab. Die patria potestas (väterliche Gewalt) ist unumschränkt. Der Herr des Hauses ist Herr über alle Personen im Familienverband. Er hat Gewalt selbst über Leben und Tod eines Nachkommen.

Familiengrab von Nickenich (Bonn, Rheinisches Landesmuseum)

Römische Wöchnerin mit Beifrauen und Hebamme. Basrelief im Palast Sacchetti der Via Gialia in Rom.

Familie in einheimischer Tracht. Tonfigur, Höhe 10 cm, 1. Jh. n. Chr. (Köln, Römisch-Germanisches Museum)

Fresko des sog. 2. Stils in der Villa dei Misteri in Pompeji. Drei Frauen und ein Knabe in Vorbereitung einer Opferhandlung.

Medea mit ihren Kindern. Gestalt des griechischen Mythos und Dramas. Aus Rache gegen Jason, der sie verlassen hat, schickte sie seiner neuen Gattin ein todbringendes Gewand und tötete ihre Kinder aus der Ehe mit Jason. Römische Kalkstein-Grabplastik. 1. Jh. (Musée Lapidaire Paien, Arles)

Das römische Recht drückt das ziemlich grimmig so aus: „Das Recht der Gewalt über seine Kinder gehört zum römischen Bürger. Niemand anderes hat eine solche Gewalt über seine Kinder wie wir."
Der Herr des Hauses konnte, wie bei einer Ware, die Annahme des Kindes verweigern. Wenn das Neugeborene also ein Mädchen ist, so ist es höchst zweifelhaft, daß er das Kind aufzieht, wenn bereits eine Tochter vorhanden ist. Eine Überprüfung von über sechshundert griechischen Familien anhand von Inschriften in Delphi hat ergeben, daß nur in sechs Familien zwei oder mehr Töchter vorhanden waren. Griechenland entvölkerte sich damals, „weil die Menschen dem Snobismus, der Habgier und dem Leichtsinn verfallen sind, nicht mehr heiraten oder, wenn sie es tun, die Kinder, die ihnen geboren werden, nicht aufziehen wollen, sondern meist nur eins oder zwei, damit sie im Luxus aufwachsen und ungeteilt den Reichtum ihrer Eltern erben." So der Historiker Polybios.
In Italien war es nicht viel anders. Selbst reiche Leute setzten ihre Töchter aus. Das war gar nicht unerhört, denn überall in der Welt, besonders in den römischen Besitztümern in Afrika und Asien, wurden seit Jahrtausenden Kinderopfer dargebracht, Kinder in Brückenpfeiler eingemauert, Kinder in der Wildnis allein gelassen. Das spiegelt sich wider in zahlreichen Sagen und Märchen – von Romulus und Remus, welche von einer Wölfin genährt wurden; von Moses, den man im Binsenkörbchen fand; von Hänsel und Gretel, deren Eltern sie im tiefen Wald verließen.
Die ursprünglich magische, beschwörende Bedeutung des Kinderopfers war um die Zeitenwende in Rom verblaßt. Sie wurde durch Erwägungen der Nützlichkeit ersetzt. Der Philosoph Seneca, als Prinzenerzieher und durch die Kraft seiner Schriften von hohem Einfluß, formulierte im ersten nachchristlichen Jahrhundert, was während des Dritten Reiches „Beseitigung unwerten Lebens" genannt wurde:
„Kranke Hunde schlägt man auf den Kopf, böse und wilde Ochsen schlachten wir; kränkliche Schafe nehmen wir unters Messer, damit sie die Herde nicht anstecken; unnatürliche Nachzucht zerstören wir; wir ertränken Kinder, die bei der Geburt schwächlich und abnormal sind. Doch geschieht das nicht aus Zorn sondern aus Vernunft. Die Vernunft scheidet das Schädliche vom Gesunden."
Das Kind wurde unter dem Gesichtspunkt des Nutzens für seine Eltern oder für den Staat beurteilt. Daraus ergab sich der Gleichmut, mit dem die Tötung von Kindern betrachtet wurde. Ein Umschwung ist jedoch im ersten Jahrhundert unserer Zeitrechnung bereits zu bemerken. Bevor noch das erste Evangelium geschrieben war, äußerte der jüdische Religionsphilosoph Philon aus Alexandria schwere Bedenken gegen die Unsitte der Kinder-Aussetzung:
„Einige erdrosseln sie mit eigener Hand, andere setzen sie an einem wüsten Platz aus in der Hoffnung, wie sie sagen, daß sie gerettet werden; tatsächlich überlassen sie die Kinder einem traurigen Schicksal, denn alle menschenfresserischen Tiere besuchen diesen Ort und sättigen sich, ohne verscheucht zu werden – ein Festmahl, das ihnen durch die bereitet wird, welche vor allem die Kinder schützen sollten, Vater und Mutter."
Nach alter römischer Sitte war das Kind vom Vater erst akzeptiert und in die Familie aufgenommen, wenn er es vom Erdboden hochgehoben hatte. Die Gefahr, wie ein unbrauchbares Ding weggeworfen zu werden, war vorübergegangen. Dem Kind wurde ein Amulett gegen die bösen Vampire umgehängt. Im Volk tat das eine Knoblauchknolle oder das Abbild eines Phallus. Vornehmere Familien verschlossen das Amulett in einem goldenen runden Behälter, den der Säugling an einem Kettchen trug. Allemal wurden ihm zur Abwehr böser Geister Stirn und Lippen mit Speichel benetzt. Die Hebamme oder eine Verwandte, vielleicht die Frau, welche die Geburtsstunde für das Horoskop notiert hat, trägt den Speichel mit dem gestreckten Mittelfinger auf.
Damit beginnt das kümmerliche Dasein des Säuglings. Der Naturforscher Plinius versuchte einmal, die Umwelt aus dem Blickwinkel des Kindes zu sehen: „Kaum, daß das Kind dem Mutterleib ent-

schlüpft ist, steckt man es in ein neues Gefängnis. Der König der lebenden Wesen beginnt sein Leben unter Martern. An Händen und Füßen gebunden, ist er seinen Tränen und Seufzern überlassen".
Plinius meinte damit die abendländische Sitte, die sich bis ins zwanzigste Jahrhundert hielt, Säuglinge zu wickeln. Die Griechen taten das meistens, aber nicht alle. Die Spartaner zum Beispiel lehnten solche Einschnürungen der Glieder als Gefahr für das Wachstum eines künftigen Kriegers ab. Andere Stämme glaubten, die Hüften ihrer Mädchen durch Wickeln schöner zu machen. In Rom, wo man auf Standesunterschiede achtete, waren den Kindern senatorischer Familien Wickelbänder in purpurner und weißer Farbe vorbehalten. Wickeln galt als Schutz: Ohne Wickel würde sich das Kind die Augen auskratzen, die Ohren abreißen und die zarten Beinchen brechen. Immer würde es am Penis herumspielen, womöglich sogar auf allen vieren kriechen wie ein Tier. Offenbar haben Erwachsene damals wie heute ihr eigenes Bedürfnis nach Ruhe und Schutz vor den Forderungen des Kindes mit dem Bedürfnis des Kindes nach Ruhe und Schutz verwechselt.

Ein Neugeborenes wird gebadet. Ausschnitt aus einem Sarkophagrelief. 2. Jh. Rom, Thermenmuseum.

Diese „Ruhe" währte etwa sieben Wochen. Das war relativ kurz, verglichen mit späteren Jahrhunderten, als man das Kleinkind anderthalb Jahre lang wickelte. Bis dahin hatte der Säugling auch seinen Namen erhalten. Darauf verwandten die Römer wenig Phantasie. Während die Griechen mit dem Namen gern einen Bezug zur aristokratischen Vorzeit herstellten, besonders zur reiterlichen Kunst oder zur Pferdezucht, neigten die Römer dazu, ihre Söhne zu numerieren und damit basta. Seit Kaiser Augustus war es gesetzliche Vorschrift, das Kind auf dem „Standesamt" in ein Register eintragen zu lassen.
Inzwischen hat längst die Amme ihre Arbeit begonnen. Ohne sie scheint es in der römischen Oberschicht des ersten Jahrhunderts nicht gegangen zu sein. Die Gesetzgebung des Kaiser Augustus, die aus Gründen der Bevölkerungspolitik Verheiratete und Kinderreiche steuerlich begünstigte, enthielt über den Punkt „Stillen oder stillen lassen?" nichts. Über dieses Thema der Mutterpflichten fand jedoch zwischen den altrömischen Kreisen und den emanzipierten Aufsteigern in der Hauptstadt eine leidenschaftliche Auseinandersetzung statt – wie auch in späteren Zeiten immer wieder, bis in unsere Tage. Sprecher der Konservativen war ein Freund des Naturforschers Plinius, der hohe Staatsbeamte, Konsul, Statthalter in Asien, Geschichtsschreiber und Ethnograph Tacitus. Er verfaßte eine Schrift über die Germanen. Darin verglich er die morbide Wohlstandszivilisation der Welthauptstadt mit dem gesunden Naturburschendasein der germanischen Stämme. Besonders wenn er auf die Kindererziehung zu sprechen kommt, merkt man ihm die politische Absicht an. Aber im großen und ganzen mag er richtig berichtet haben:

„In jedem Haus wachsen die Kinder nackt und schmutzig zu gewaltigem Gliederbau und zu einer staunenswerten Größe heran. Die Mutter nährt ein jedes an der eigenen Brust. Man überläßt sie nicht Mägden oder Ammen. Herrenkinder und Sklavensöhne werden unterschiedslos ohne Zärtelei aufgezogen. Miteinander auf dem Erdboden, mitten unter dem Vieh, verbringen die Germanen ihre Kindheit, bis das Alter der Wehrhaftigkeit die Freien absondert. Die Zahl der Kinder zu beschränken oder ein Nachgeborenes zu töten, gilt für schändlich. Kinderlosigkeit bringt keinerlei Vorteil. Mehr vermögen dort gute Sitten als anderswo gute Gesetze."

Familie der Daker auf dem Marsch (in die Gefangenschaft?). Die Eltern tragen die kleinen Kinder. Verherrlichung der römischen Siege über die Germanen. Aus den Reliefs der Trajansäule, Rom, 2. Jh. n. Chr.

Tacitus' Skepsis angesichts der Kindererziehung in den höheren römischen Ständen äußert sich ähnlich:

„Früher, als wir in Rom noch bescheiden waren, wurde auch bei uns jeder Sohn im Schoß und an der Brust seiner Mutter aufgezogen. Nicht in der Kammer einer gekauften Amme. Die Mutter sah es als ihre Hauptaufgabe an, ihr Haus in Ordnung zu halten und ihre Kinder gut zu erziehen. Jetzt wird der neugeborene Säugling irgendeiner griechischen Magd überantwortet. Der Amme wird aus der Menge der Sklaven einer zur Hilfe beigegeben. Meist der Wertloseste, den man sonst nicht gebrauchen kann. Mit Märchen und Greuelgeschichten stopfen sie die zarten und unerfahrenen Seelen sogleich voll und keiner kümmert sich im ganzen Haus darum, was er vor dem unmündigen jungen Herren redet und tut ..."

Beim Tadel seiner Römer nimmt Tacitus kein Blatt vor den Mund:

„Die Eltern selbst gewöhnen die Kleinen nicht an Rechtschaffenheit und gesittetes Benehmen. Vielmehr an Übermut und Frechheit. Alle werden dabei unverschämt und richten sich weder nach eigenen noch nach fremden Werten. Es scheint, daß die dieser Stadt eigentümlichen Laster schon im Mutterleib aufgenommen werden. Zum Beispiel die Vorliebe für Schauspiele, die Leidenschaft für Gladiatorenkämpfe und Pferderennen ..."

Diese Standpauke ist durch die Jahrtausende hindurch so oder ähnlich immer wieder zu hören.

Im römischen Prätorium unter dem Kölner Rathaus befindet sich ein Ziegelstein, auf dem die Linien des Mühlespiels eingeritzt sind. Ob das ein Spielzeug für Kinder war oder eines, mit dem sich die Legionäre ihre dienstfreie Zeit vertrieben, wissen wir nicht. Wir wissen aber, daß die Kinder der republikanischen Zeit Roms in der Wahl ihres Spielzeugs nicht frei waren.

Zwei mit leichten Hemden bekleidete Knaben auf einem Dromedar, von einem Gladiator (?) geführt. Römisches Fußbodenmosaik in Konstantinopel.

Gladiatorenkampf, Terrakottarelief aus Campagna, wahrscheinlich 1. Jh. v. Chr. (Museo Nazionale, Rom)

Römische Knaben beim Fischfang, ein Fußbodenmosaik zur Verherrlichung des Meeresgottes Neptun und der Amphitrite. 3. Jh. n. Chr., gefunden in Constantine (Paris, Louvre)

Mosaik aus einem römischen Kinderzimmer: Kinder auf Hasenjagd, Pfauen-, Bussard- und Ziegenbockhatz. Piazza Armerina, Sizilien, 4. Jh. n. Chr.

Spiel mit Kreisel, Reifen und Jo-Jo (Griechische Vasenmalerei). Mädchen und Jungen spielten auch mit Anziehpuppen, deren tönerne Glieder mit Schafsdarm beweglich zusammengehalten wurden.

Blindekuhspiel. Bild auf einer Weinkanne, ca. Mitte des 5. Jh. v. Chr.

In einem Edikt der Zensoren aus dem Jahre 92 v. Chr. heißt es: „Wir sind informiert worden, daß da einige Menschen eine neue Spielart der Unterweisung eingeführt haben. Nun haben die Altvorderen bestimmt, was die Kinder lernen und welche Spiele sie treiben sollen. Diese neuen Dinge, außer Herkommen und Väterbrauch, mißfallen uns. Sie sind uns nicht recht."

Mit dem Mißtrauen des Bauern gegen Neues und Fremdes wehrten sich die Römer eine lange Zeit gegen die überwältigende Zivilisation des Hellenismus, aber umsonst. Auf der Ebene des Kindes zeigte sie sich in Gestalt des griechischen Lehrers. Dieser Sklave brachte aus seiner Heimat Spiele mit, wie das Drachensteigen, oder die lustige „Kupferfliege", welche wir heute Blindekuh nennen. Auch Spielgerät wie Schaukeln und Wippe, den Kreisel und das Jo-Jo. Vorher waren die kleinen Römer auf dem Steckenpferd geritten, hatten sich huckepack getragen oder Reifen getrieben. Die Mädchen vergnügten sich damit, um die Wette Nüsse in ein Tongefäß

Niobe und ihre Töchter beim Knöchelspiel, das aus griechischer Überlieferung bekannt wurde. Marmorenkaustik aus Herculaneum von Alexander Ateniese, wahrscheinlich 1. Jh. n. Chr. (Museo Nazionale, Neapel)

mit engem Hals zu werfen. Wenn sie eines Tages heirateten, mit dreizehn oder vierzehn Jahren etwa, brachten sie ihre Puppen, die Mädchenkleidung und die Spielnüsse zum Hausaltar und weihten sie den Göttern. Das Ende der Kindheit hieß in Rom zuweilen „nach der Entwöhnung von den Nüssen".

Gegen eine Besonderheit der griechischen Erziehung stemmte sich der römische Konservatismus: Die Knabenliebe als bestimmendes Element des Verhältnisses zwischen Erwachsenem und Jugendlichen fand keinen Eingang in Rom. Ein Patrizier ließ seine Söhne natürlich unter Leitung eines professionellen Fechtmeisters in den ritterlichen Fertigkeiten ausbilden, besonders im Speerwerfen, Reiten und Fechten von Mann zu Mann. Den Erdkreis kann man ja nicht mit militärisch ungeübten Leuten regieren. Aber freigeborene Knaben trugen dabei in einer goldenen Kugel ihre Amulette. Daran waren sie als „tabu" erkennbar für Männer, die sich gern mit hübschen Knaben einließen. Sonst wurde nicht viel Federlesens gemacht. Kinder wurden sicher nicht weniger häufig sexuell attackiert als heute. Ins Erziehungssystem war das aber nicht eingeordnet, wie im Griechenland Platos. Im Weltreich der Kaiserzeit empfand man andererseits sexuellen Verkehr mit Kindern unter neun Jahren nicht als strafbar, kaum als moralisch anstößig. Kinder wurden häufig in Bordelle verkauft. Kastrierte Knaben hielt man für besonders attraktiv. Überliefert sind eine Reihe chirurgischer Techniken, wie die Kastration am besten auszuführen sei. Dabei spielten auch Vorstellungen von der magischen Wirkungskraft gewisser Körperteile ihre Rolle. Mit egoistischer Naivität und Freizügigkeit wurden sexuelle Dinge in der Erwachsenenwelt betrachtet und gehandhabt. Man darf annehmen, daß dadurch bei den Kindern Schuldkomplexe nicht aufkamen. Man findet über das in der Neuzeit so wichtige Thema der kindlichen Onanie wenig; und wenn, dann werden Ursache und Wirkung verwechselt, wie von dem Poeten Martial, der schrieb, „daß sie allzu rasch zur Mannbarkeit führt".

Wie die Römer ihre Kleinen „stubenrein" machten, wissen wir nicht. Wahrscheinlich waren sie nicht so penibel wie wir. Das Problem wird in einem Gedicht von Lukrez angesprochen. In freier Übersetzung lautet es:

Kinder machen ins Bett.
Warum sie Purpur bepissen,
Laken nässen und Kissen?
Nur weil sie träumen, sie müssen
eilig ihr Nachthemdchen hissen,
vor dem Klosett.

Non vitae sed scholae discimus. Nicht für das Leben, für die Schule lernen wir. Über weltfremden Unterricht beklagte sich mit diesen Worten schon Seneca. Kinder hatten zu allen Zeiten den Eindruck, als legten es die Erwachsenen darauf an, diesen Spruch wahr zu machen. Römische Kinder haben sicher auch so empfunden. Das um so mehr, als seit der Verbreitung der hellenistischen Unterrichtsform über die ganze zivilisierte Welt Schule und sportlicher Wettkampf getrennte Wege gegangen waren. Die Elementar-

Relief mit Schulszene, ausgegraben in Neumagen, Rheinland. Auf der Kathedra der erhöht sitzende Lehrer, wahrscheinlich ein ‚Grammaticus', ein stehender Schüler mit zusammengeklappter Schreibtafel, sitzender Schüler mit Buchrollen. Um 190 n. Chr. (Trier, Rheinisches Landesmuseum)

Römisches Schreibgerät, Wachstafelbuch und Griffel (Stilus), bronzenes Tintenfaß (Köln, Römisch-Germanisches Museum)

Unterrichtsszenen; wahrscheinlich bei einem privaten Elementarlehrer, die meist im Freien, an Straßenecken oder auf öffentlichen Plätzen Schule hielten. Ein Knabe wird, auf dem Rücken eines anderen Schülers liegend, ausgepeitscht. Pompejanische Wandmalerei, frühe Kaiserzeit (Museo Nazionale, Neapel)

schule der Römer lehrte nach spätgriechischen Mustern Lesen, Schreiben und Rechnen – keine Leibesübungen. Alles war auf ein sehr weit entferntes Ziel angelegt: Das Kind sollte in die Kenntnis der großen Literatur hineinwachsen – also besonders Homer- und Vergil-Kenner werden. Das galt als Grundstein für die Beherrschung der Redekunst. Rhetorik war Voraussetzung für das Auftreten auf dem Forum, das heißt für die Teilnahme an der Politik. Um dem Staat mit Auszeichnung dienen zu können, brauchte der Mann eine formale, literarische Bildung. Das war das unverrückbare Ziel aller Schulbildung acht Jahrhunderte lang. Die athenische Schule des 5. vorchristlichen Jahrhunderts vererbte es der römischen des 3. nachchristlichen Saeculums.

Der Weg zum Ziel war allerdings von Schlägen und Tränen markiert. Die Unterrichtsmethoden in der Elementarschule nahmen wenig Rücksicht auf kindliche Psychologie. Nachdem das Kind durch Nachzeichnen eingegrabener Buchstaben auf der Wachstafel die ersten Silben zu lesen und zu schreiben gelernt hatte, wurde es mit möglichst langen, schwierigen Wörtern geplagt, nicht mit möglichst leichten. Wenn schon Bruchrechnung mit arabischen Ziffern schwierig ist, wie erst mit römischen! Dazu die Negativ-Auswahl der Lehrer. Es waren arme Schlucker. Das Schulgeld von dreißig Kindern brachte nicht mehr als das Einkommen eines Maurergesellen. Der Lehrer war gezwungen, Nebenarbeiten anzunehmen. Er setzte Testamente auf oder schrieb für die Bauern Briefe an ihre Söhne beim Militär.

Unter diesen Umständen war die probateste Unterrichtsmethode das Prügeln. Man ging von der Annahme aus, daß nur wenige Kinder in der Lage sind, das Wissen aufzunehmen, das ihnen vorgesetzt wird. Also muß man es ihnen einbläuen.

Diese Annahme wurde bereits von dem römischen Rhetoriklehrer Quintilian als unbegründet zurückgewiesen:

„Träge und unbelehrbare Schüler sind so abnormal wie Mißgeburten und Unholde. Davon gibt es nicht sehr viel. Zum Beweis dessen erinnere man sich der

Tatsache, daß Jungen gewöhnlich recht vielversprechend erscheinen, solange sie noch klein sind. Die Hoffnung verwelkt jedoch, wenn sie größer werden. Das liegt aber nicht an dem Schwinden natürlicher Talente, sondern weil sich keiner richtig um sie kümmert."
Quintilian kannte auch schon die sexuelle Nebenfunktion körperlicher Züchtigung:
„Wenn Kinder geschlagen werden, haben Furcht und Schmerz manchmal Folgen, von denen man nicht gern spricht. Daraus entsteht Scham, welche das Kind deprimiert und zu lichtscheuen Handlungen bringt. In der Wahl der Lehrer gilt es deshalb aufzupassen. Man kann ja wirklich rot werden, wenn man die schamlosen Praktiken erwähnen muß, mit denen von manchen Schurken das Recht zur körperlichen Züchtigung wahrgenommen wird. Ich will mich dabei nicht lange aufhalten, hoffe aber klargemacht zu haben, was gemeint ist."
Man sieht, allmählich stellte sich gegenüber der Rute eine wohlbegründete Skepsis ein. Es gab Schulreformer in einem ganz modernen Sinn. Die Kinder sollten im Spiel mit elfenbeinernen Buchstaben, durch Wettbewerb untereinander, durch Belohnungen statt Strafen lernen. Das geschah dann hier und dort auch. Sehr zum Ärger der traditionsgebundenen Pädagogen, die weiterhin prügelten und ihren Zorn über das zu geringe Schulgeld an ihren Zöglingen ausließen.

Die Kontroverse über Kindererziehung in der Spätantike soll nicht darüber hinwegtäuschen, daß im Verhältnis der Erwachsenen zum Kinde die Autorität unvermindert ihren Zoll verlangte. Die Autorität der Eltern herrschte in Nordafrika ebenso wie an der Donau, am Rhein und am Nil. Kinder galten als unreife Erwachsene. Niemand nahm sie für voll. Der römische Historiker hielt sie kaum für erwähnenswert. Noch begriff man sie nicht als Wesen eigenen Rechts. Kinder gehörten den Eltern, waren ihr Eigentum und ein Ding, mit dem man machen konnte, was man wollte. Sicher liebten auch damals Eltern ihre Kinder. Aber wie wenig ist in der klassischen Literatur von Kinderliebe die Rede und wieviel von Kindesliebe! Das Kind schuldet den Eltern Liebe und Gehorsam. Pietas nannte man das in Rom. Nicht die Eltern sind für das Kind da. Umgekehrt wird ein Schuh daraus. Daß in der religiösen Vorstellungswelt die Idee der Gotteskindschaft auftauchte, änderte zunächst nichts an dieser Auffassung vom Kind.

Abb. links: Katakombe Pietro e Marcellino, Rom. Taufe Christi. Wandmalerei, Ende 3. Jh.

Abb. rechts: Sarkophag des Flavius Julius Catervius, Ausschnitt: Anbetung der Könige. Marmor, 3. oder 4. Jh., im Dom von Tolentino.

Orantin, sog. ‚Donna velata' zwischen dem Magister und der Madonna. Rom, Priscilla-Katakombe, ‚Velatio'-Grab. Wandmalerei, Mitte 3. Jh.

Was änderte sich überhaupt durch das Christentum für die Kinder jener Zeit? Die Antwort lautet: Weder die alten Götter, noch die alten Traditionen, noch die alten Grausamkeiten verflüchtigten sich so leicht. Es bedurfte eines fast dreihundertjährigen Prozesses, ehe der Glaube an einen Kind-Gott neue Vorstellungen von Seele, Sünde und Unschuld erweckt hatte.

Auch unter dem Zeichen des Kreuzes wurden weiter die griechischen und römischen Klassiker auswendig gelernt. Fromme Christen führten zwar mitunter einen Feldzug gegen den Gebrauch heidnischer Bücher. Aber wie sollte man ohne die Klassiker lesen lernen? Wie ohne sie in den Begriffen der damaligen Gesellschaft denken können? Auch unter dem Zeichen des Kreuzes wurde „die Hand für die Peitsche hingehalten". Das waren die Schlüsselworte, mit denen der Lateiner den Schulbesuch elegant umschrieb. Nach wie vor wurden kleine Delinquenten auf die Schultern eines Kameraden gelegt und in dieser Lage vom Lehrer mühelos verdroschen. Der Kirchenlehrer Augustinus berichtet in seinen „Bekenntnissen", wie er sich als Kind bei der Anrufung Gottes beinahe die Zunge abbrach, wenn er darum flehte, in der Schule nicht geschlagen zu werden. Qualen litt er, wenn seine Eltern über die Prügel lachten, die er von seinen Lehrern erduldete. Der Sechzigjährige wird die Erinnerung daran nicht los und ruft aus: „Wer würde nicht vor Entsetzen lieber den Tod wählen, wenn man ihn vor die Wahl stellte, wieder Kind zu sein oder zu sterben."

Nun war jedoch die Schule nicht mehr die einzige Bildungsstätte für die Kinder der noch jungen Christenheit. Es gab die Kirche mit ihrem Konfirmandenunterricht. Es gab die Familie, in der den Eltern die Pflicht oblag, sich um das Seelenheil ihrer Söhne und Töchter zu kümmern. Väter, die ihre Söhne nicht in die heidnische Schule schicken wollten, bedurften ausführlicher Anweisungen für die Erziehung. Viel gerühmt war die Lehre des Kirchenlehrers Johann Chrysostomos. Seine Ratschläge entwickeln die spätantike Einführung in kindliche Psychologie weiter: „Wenn Dein Sohn gemerkt hat, daß er dauernd geschlagen wird, wird er die Schläge zu verachten lernen. Hat er Schläge zu verachten gelernt, hat er alle Deine Erziehungsmaßnahmen auf den Kopf gestellt. Er soll eine Tracht Prügel immer nur fürchten, aber nicht bekommen. Man soll den Riemen schwingen, aber nicht niedersausen lassen. Die Drohungen sollen nicht in die Tat umgesetzt werden. Es darf aber nicht zu merken sein, daß die Worte leere Drohungen sind. Eine Drohung wirkt nur dann, wenn man von ihr auch glaubt, daß sie in die Tat umgesetzt wird." Ganz neue Töne gebraucht Chrysostomos bei der Behandlung der gesellschaftlichen Stellung eines christlichen Kindes: „Dein Sohn soll lernen, verachtet und verhöhnt zu werden. Er soll keine Dienstleistungen vom Sklaven deswegen fordern, weil er selbst freigeboren ist. Nur wenn es gar nicht angeht, daß er sich selbst bedient, sollen ihm die Sklaven helfen. Zum Beispiel ist es unmöglich, daß ein Freigeborener kocht. Solchen Tätigkeiten darf er sich nicht widmen, sonst verletzt er die

Pflichten des Freigeborenen. Wenn er es dagegen nötig hat, seine Füße zu waschen, dann soll ihm das nicht der Sklave besorgen. Er selbst soll es tun. Er lasse sich auch von niemand den Mantel reichen. Im Bad soll er nicht erwarten, von einem anderen bedient zu werden ... Dadurch entwickelt sich das Verständnis des Freigeborenen für die Sklavenarbeit. Das macht ihn sehr beliebt bei Sklaven."
Chrysostomos erinnert daran, daß „wir alle, Sklaven wie Freie, in einem Mutterleib geworden sind". Er entwickelt also die Vorstellung von der Gleichheit aller Menschen vor Gott. Aus ihr ergibt sich auch die Verantwortung der Eltern für das Seelenheil aller ihrer Kinder. Es konnte nicht erlaubt sein, ein eben geborenes Wesen zu vernichten, weil es von Sklaven abstammte oder weiblich war, krumme Beine hatte oder keine blonden Haare.

Allenfalls konnte man es ja verkaufen. Eine Verordnung des ersten christlichen Kaisers, Konstantin, läßt das noch mit gewissen Einschränkungen zu:
„Wenn jemand aus großer Armut oder infolge einer Hungersnot Sohn oder Tochter verkauft, solange sie vom Mutterleib her noch blutig sind, so soll in diesem Fall der Verkauf rechtens und der Käufer befugt sein, diesen Sklaven zu behalten. Es soll aber der Verkäufer das Recht auf Rückkauf haben, sobald er den Kaufwert anbietet oder einen anderen Sklaven dafür gibt."

Offenbar war es vier Jahrhunderte nach der Zeitenwende in den Provinzen des Weltreiches bei Mißernten und Hungersnöten noch durchaus üblich, Kinder auszusetzen oder zu verkaufen. Erst einer der Nachfolger Konstantins, Kaiser Theodosius empfand das als unsittlich und versuchte, den Staat einzuschalten:

„Wenn Eltern melden, sie könnten ihre Kinder aus Armut nicht großziehen, dann soll ihnen sofort ohne Verzögerung Kleidung und Nahrung gegeben werden. Ein Neugeborenes muß man füttern. Das duldet keinen Aufschub. Es widerspricht unseren Grundsätzen, daß irgend jemand aus Hunger zu schamlosen Handlungen gezwungen wird."

Festessen in privatem Kreise. Links nimmt ein Sklave einem Gast die Sandalen ab, rechts wird ein allzu eifriger Schlemmer gestützt. Pompejanisches Wandgemälde, 1. Jh. n. Chr. (Museo Nazionale, Neapel)

Mit den schamlosen Handlungen spielte er darauf an, daß es besonders den Christen genieren mußte, ausgesetzte oder verkaufte Söhne und Töchter eines Tages im Bordell wiederzufinden. Der neue christliche Sittenkodex bricht mit der heidnischen Freude am Leib und an der Sinnenlust. Bezeichnend bei Chrysostomos, wie er gegen den Besuch des Theaters und die Bekanntschaft mit Schauspielern wettert. Das ist schon guter Puritanismus. Bezeichnend auch eine Stelle aus den „Bekenntnissen" des Augustinus:
Er ist mit seinem Vater zusammen im Bad gewesen. Der freut sich in mittelmeerischer Lebenslust an den Zeichen durchbrechender Mannesreife bei seinem Sohn und „am Drang seines jungen Leibes". Triumphierend berichtet er der Mutter davon, „als bereite er sich bereits auf Enkel vor". Die Mutter aber fährt den Vater an, „erzitternd in frommer Angst" vor dem heimlichen Taumelwein des Trachtens nach dem Niedersten.

Die Abtötung der Sinnenlust – zumindest ihre strikte Kontrolle – wird ein wichtiger Bestandteil der Erziehung des Kindes für die nächsten anderthalbtausend Jahre. Diese Arbeit wird vornehmlich in den Klöstern geleistet.

Tageslauf eines römischen Klippschülers

„Bei Tagesanbruch wache ich auf, rufe meinen Sklaven und lasse ihn das Fenster aufmachen. Er tut es sofort. Ich richte mich auf und setze mich an den Bettrand. Ich bitte ihn um Socken und Schuhe, denn es ist kalt. Nachdem ich die Schuhe anhabe, nehme ich ein Handtuch. Man bringt mir ein ganz sauberes. Auch Wasser in einem Topf für meine Toilette. Ich gieße es mir über die Hände, das Gesicht sowie in den Mund. Ich reibe Zähne und Zahnfleisch. Ich spucke, schneuze mich und trockne mich ab, wie es sich für ein gut erzogenes Kind gehört. Ich ziehe mein Nachthemd aus und einen Leibrock an. Ich lege einen Gürtel um. Ich parfümiere mir den Kopf und kämme mich. Ich schlinge ein Halstuch um den Hals. Ich binde meine weiße Pelerine darüber fest. Ich verlasse das Zimmer mit meinem Pädagogen und meiner Amme. Ich begrüße Papa und Mama und umarme sie. Ich suche mein Schreibzeug und mein Heft und gebe das dem Sklaven. Nun ist alles fertig. Ich mache mich, von meinem Pädagogen gefolgt, auf den Weg durch die Säulenhalle, die zur Schule führt. Meine Kameraden treffen gleichfalls ein. Ich begrüße sie – sie erwidern meinen Gruß. Ich komme zur Treppe und steige sehr artig, wie es sich gebührt, die Stufen hinauf. In der Vorhalle lege ich meinen Mantel ab. Ich kämme mir die Haare, trete ein und sage: ‚Ich grüße Euch, mein Lehrer!' Er umarmt mich und grüßt mich wieder. Der Sklave reicht mir Täfelchen, Schreibzeug und Lineal."

Nachdem sich der Schüler mit seinen Kameraden um einen guten Platz auf den offenbar spärlichen Schemeln und Bänken gestritten hat, beginnt die Arbeit. Sie reicht bis Mittag.

„Ich bin mit dem Lernen meiner Lektion fertig. Ich bitte den Lehrer, mich nach Haus gehen zu lassen zu meiner Mahlzeit. Er läßt mich gehen. Ich sage ihm ‚Lebewohl' und er gibt mir meinen Gruß zurück. Ich kehre nach Hause zurück. Ich ziehe mich um. Ich esse Weißbrot, Oliven, Käse, trockene Feigen und Nüsse. Ich trinke frisches Wasser. Nach der Mahlzeit gehe ich wieder in die Schule. Ich treffe den Lehrer beim Lesen an. Er sagt: ‚An die Arbeit!'"

Aus einem griechisch-lateinischen Konversations-Handbuch um das Jahr 200 nach Chr.

Helden oder Heilige

Das Mittelalter

Mit den Klöstern waren auch Spitäler verbunden. Unterricht in der Bereitung einer Medizin. Aus einer Handschrift des 13. Jh.

Wir überspringen etwa sechshundert Jahre. Das römische Weltreich ist zerfallen. In seinen Ruinen haben sich germanische Kriegervölker eingerichtet. Die großen Verwaltungszentren des römischen Reichs sind nördlich der Alpen ersetzt durch eine Fülle feudaler Herrschaften in Burgen und festen Häusern. Zwischen ihnen erheben sich Kirchen und Klöster: Zeugen dafür, daß dem Christentum der Spätantike eine ungeahnte Expansions-Kraft innewohnte. Ritter und Mönche sind die prägenden Erscheinungen des Zeitalters. Der Ritter ist für den physischen Schutz der Gemeinschaft zuständig, der Mönch für ihr Seelenheil. Da er nicht nur beten, sondern lesen und schreiben kann, wird er zum wandelnden Gedächtnis der Epoche. Nicht verwunderlich also, daß es ein Mönch ist, der die erste ausführliche Beschreibung einer mittelalterlichen Kindheit gibt – seiner eigenen übrigens –, die dem folgenden als exemplarisches Beispiel für die Epoche zugrunde gelegt werden soll:

„Als meine Mutter mit mir schwanger war, hatte sie beinahe die ganze Fastenzeit über mit ungewöhnlichen Schmerzen im Kindbett gelegen. Diese Beschwerden hat sie mir später oft vorgeworfen, als ich vom Wege abkam und bedenkliche Pfade ging. Endlich kam am Karsamstag ihre Stunde und die Wehen steigerten sich. Als man nach dem natürlichen Verlauf meinen konnte, jetzt käme ich heraus – wurde ich nur höher hinauf in ihren Leib gepreßt. Mein Vater und alle anwesenden Verwandten waren außer sich vor Betrübnis. Ich, das Kind, brachte die Mutter dem Tode nahe, aber auch *mein* drohender Tod gab Anlaß zum Mitleid. In der Not eilten alle zum Altar der Gottesmutter. Dieser einzigen, die gebar und doch für immer Jungfrau blieb, brachte mein Vater ein Gelübde dar. Er legte es anstelle eines Geschenkes auf den Altar der gnädigen Herrin: ‚Wenn ein Junge geboren werden sollte, wird er Gott und Dir dienen und Kleriker werden. Wenn es etwas Schlechteres wird, sollte das Mädchen in einen passenden Orden gebracht werden.'"

Der Bericht des späteren Abts Guibert von Nogent zeigt: Immer noch gelten Mädchen als „etwas Schlechteres". Die ständige Kriegsbereitschaft der Epoche braucht männlichen Nachwuchs, der das Schwert führen kann. Neu ist jedoch, daß ein Ritter die Mutter eines Kind-Gottes um Hilfe anfleht. Das festigt die Stellung der Frau. Wie seit jeher besticht man Gott, indem man ihm neugeborene Kinder zum Geschenk darbringt. Aber das geschieht nicht mehr als Blut- und Schlachtopfer, sondern sie werden seinem Dienst geweiht. Neu daran ist, daß der geistliche Stand eine Karriere darstellt, für die der Adel seine jüngeren Söhne von früh an trainiert.

Auch Guibert von Nogent war Sohn eines wohlhabenden ritterlichen Hauses in Nordfrankreich. Er kam im Jahre 1064 zur Welt – also kurz bevor Wilhelm der Eroberer mit seinen normannischen Rittern in

Unterricht in der Klosterschule. „Hier sitzt St. Meinhard und studiert und war ein Schulmeister über die jungen Mönche im Kloster"! Aus einem Legendenbuch vom Ende des 15. Jahrhunderts.

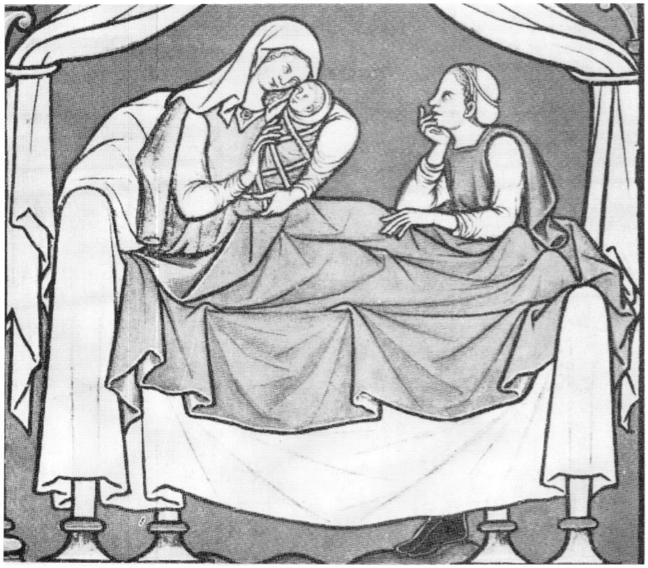

Frau und gewickeltes Kleinkind in einem Spannbett, um 1250.

Die Kindtaufe erfolgte wegen der extrem hohen Kindersterblichkeit wenige Tage nach der Geburt. Die Spritztaufe wurde erst gegen Ende des Mittelalters eingeführt. Bis dahin galt die Tauchtaufe. Ein Bischof begießt den Kopf mit Taufwasser.

Taufe. Holzschnitt aus: Buch der Kunst, geistlich zu werden. Augsburg, Bäumler 1477.

England landete; während Guiberts Jugend geraten die deutschen Kaiser in heftige Auseinandersetzungen mit dem Papst wegen der Besetzung frei werdender Bischofssitze. Als reifer Mann wird er Zeuge der Begeisterung für den ersten Kreuzzug. Aber zunächst ist er nichts als ein schlaffes Etwas, „beinahe eine Fehlgeburt", das da auf Grund des väterlichen Gelübdes zur Welt kam. Auch die Mutter überlebte – gar keine Selbstverständlichkeit in einer Zeit, da die durchschnittliche Lebenserwartung der Frau dreißig Jahre betrug.

Dieses neugeborene Menschlein war so winzig klein, daß seine Fingerchen dünner waren als Schilfrohr. Dem jungen Mann wurde später oft zum Spaß erzählt, wie die Hebamme ihn von einer Hand in die andere wog und sagte: „Glaubt Ihr von dem da, daß es am Leben bleiben wird? Die Natur hat es fehlerhaft gemacht – fast ohne Glieder – und ihm etwas gegeben, was eher wie ein Strich als wie ein Körper aussieht." Eine rasche Taufe war schon aus diesen Gründen angebracht. Nur durch die Taufe war das Heil der Seele im Jenseits garantiert. Die Kirche war von der frühchristlichen Erwachsenentaufe abgekommen und verlangte die Taufe während der ersten Lebenstage. Das empfahl sich angesichts der hohen Kindersterblichkeit. Fehlerhafte Geburtshilfe, mangelnde Hygiene und zu knappe Ernährung wirkten zusammen. Nicht zuletzt sollte durch die öffentliche Handlung der Taufe auch die „nachträgliche Familienplanung" erschwert werden, denn Aussetzungen und andere Arten der Kindesbeseitigung waren offenbar allerorten gang und gäbe.

Wie anders ist es zu erklären, daß beispielsweise in Weilern des Klosters St. Germain des Près bei Paris auf 130 lebende Knaben immer nur 100 lebende Mädchen kamen? Deformierte Kinder galten als besessen. Bei der Geburt von Zwillingen geriet die Mutter in den Verdacht, einen Fehltritt begangen zu haben. In beiden Fällen überlebten die Kinder nicht. Im statistischen Durchschnitt zogen westeuropäische Eltern damals 2,8 Kinder auf – kaum genug für die Fortpflanzung der Bevölkerung. Im ganzen Abendland wurden die Eltern von der Kanzel ermahnt, ihre Säuglinge nicht mit ins Bett zu nehmen. Sie waren dann am nächsten Morgen „zufällig" erstickt. Aus dem gleichen Grund ermunterten englische Bischöfe die Eltern, ihre Babies in Wiegen zu halten. Die Wiege begann damals ihren Siegeszug durch die Kinderwelt.

Als lebendig geboren gilt ein Kind, wenn man seine Stimme an den vier Wänden des Hauses hört. Halbfiguren in den Ecken sind Bildchiffren für diese Aussage, die von den Zeigegesten der Mutter unterstrichen wird. Aus der Heidelberger Handschrift des Sachsenspiegels von Eike von Repgow, 1. Drittel des 13. Jh. (Universitätsbibliothek Heidelberg)

Bernardo Daddi: Martyrium der heiligen Caecilie, um 1335 (Pisa, Museo Civico)

Tötung ehelicher Kinder wurde anfänglich nur mit leichten Kirchenstrafen belegt. Vierzig Tage ohne Wein- und Fleischgenuß, ein Jahr kein Geschlechtsverkehr. Es war Sünde, aber kein Verbrechen. Erst später wurde dafür die Todesstrafe durch Verbrennung der Mutter eingesetzt. Diese Strafe war längst üblich für den Mord an unehelich geborenen Kindern. Solche unglücklichen Würmer wurden schon damals nicht nur aus physischer Not ums Leben gebracht, sondern um ihnen den gesellschaftlichen Makel zu ersparen, der ihnen ein Leben lang anhaftete: ehrlos, erbelos und rechtlos bleiben zu müssen. Geistlicher zum Beispiel konnte niemand von unehelicher Geburt werden.

Um den unverehelichten Müttern zu helfen, wurden schon im frühen Mittelalter in den Handelsstädten Oberitaliens von den Bischöfen Häuser eingerichtet, die besonders Kinder von Prostituierten aufnahmen. Im Hochmittelalter widmete sich der Orden vom Heiligen Geist der Pflege der Findelkinder. Papst Innozenz III. hatte mit Betroffenheit bemerkt, wieviel Kinderleichen im Tiberfluß schwammen. Er stiftete dem Orden ein Gebäude in Rom.

Große Findelhäuser hatten eigene Ammen. Die meisten Kinder aber wurden 15 bis 18 Monate lang einer Frau auf dem Lande in Pflege gegeben. Dann kehrten sie ins Findelhaus zurück. Mit acht Jahren kamen Knaben in die Lehre oder wurden als Dienstboten vermietet. Mädchen blieben etwas länger im Haus, vielleicht, um mit 12 Jahren verheiratet zu werden.

Bei einem Vergleich mit der Behandlung des Neugeborenen in der Antike wird deutlich, welche lebenserhaltende Arbeit die Kirche leistete. Die unumschränkte Gewalt des Vaters über Leben und Tod des Kindes wie über ein Ding war einer anderen Einstellung gewichen: Das Kind, begabt mit einer unsterblichen Seele, muß bewahrt werden. Selbst ein Säugling wird interessant. Zunächst allerdings nur professionellen Beobachtern des Menschen und ihrer selbst, den gelehrten Mönchen. Hin und wieder stößt man bei ihnen auf Schilderungen, die beweisen, wie sorgfältig das Verhalten von Säuglingen beobachtet

Pfaffenkinder und unehelich Geborene erhalten zur Buße ein Fuder Heu, wie es zweijährige Ochsen zu ziehen vermögen. Aus der Heidelberger Handschrift des Sachsenspiegels von Eike von Repgow. 1. Drittel des 13. Jh. (Universitätsbibliothek Heidelberg)

Mosaikbild Papst Innozenz des III, (1198–1216), um 1200.

Abb. links: Kinder der reichen Feudalherren wurden Ammen übergeben. Französische Handschrift, 13. Jh.

Abb. rechts: Adam hackt, Eva sitzt am Spinnrocken, während das nicht gewickelte Kind an ihrer Brust säugt und ein älteres von ihr beaufsichtigt wird. Bäuerliche Milieuschilderung aus dem 14. Jh.

wurde – zum Beispiel in der Biographie des heiligen Hugo von Lincoln, der ein leidenschaftlicher Kinderfreund gewesen sein muß:
„Einem Kind von etwa sechs Monaten machte er mit heiligem Öl ein Kreuz auf die Stirn. Es drückte sein Entzücken durch die Bewegung seiner Gliedmaßen aus. Das erinnerte an die Freude Johannes des Täufers, der im Mutterleib strampelte. Der winzige Mund und das Gesichtlein entspannten sich in fortwährendem Glucksen. Es schien unglaublich, daß dieses Kind in einem Alter, da Babies nur schreien, in solcher Weise lachen konnte. Es beugte und streckte die Ärmchen aus, als wenn es fliegen wollte, und bewegte seinen Kopf hin und her, wie um zu zeigen, daß die Freude beinahe nicht mehr zu ertragen war. Dann nahm es die Hand des Bischofs in seine kleinen Hände, strengte sich furchtbar an und hob sie zu seinem Gesicht. Statt sie zu küssen, leckte es sie. Die Anwesenden waren überaus erstaunt angesichts eines Bischofs und eines Säuglings, die so vollkommen glücklich miteinander waren. Aber was brachte eine so wichtige Person dazu, einem so kleinen Wesen so viel Aufmerksamkeit zuzuwenden? Nichts, außer dem Wissen um die Größe, die sich in einem so kleinen Körper verstecken kann.“

Säuglinge sollten nach den gängigen mittelalterlichen Handbüchern mindestens zweimal täglich gebadet, mit Myrthen oder Rosenöl eingerieben und dann massiert werden und das, soweit sie männlichen Geschlechts waren, besonders kräftig. In den führenden Schichten übernahm die Amme das Stillen. Nur manche Schloßherrin, zum Beispiel die Mutter des Kreuzfahrers Gottfried von Bouillon, bestand darauf, ihre Kinder selbst zu stillen. Aber das war eine erwähnenswerte Ausnahme. Von der Amme nahmen die Säuglinge indes nicht nur die Nahrung auf. Bei ihr sammelten sie auch ihre ersten Eindrücke und Erfahrungen. Deshalb war der physische und moralische Charakter dieser Frauen bedeutsam. In Krankheitsfällen nahm die Amme die Arznei für das Kind ein und gab sie auf natürliche Weise weiter. Zu ihrem Abzeichen gehörten das Lätzchen, die Saugflasche aus Kuhhorn mit einem Nuckel aus Pergament und das Wickelband. Knaben wurden mit zwei Jahren abgestillt, Mädchen mit einem Jahr. Schon vorher bekam das Kind Entwöhnungsspeise. Der Arzt Aldobrandino von Siena empfahl dafür Haferbrei mit Honig, Milch und etwas Wein, auch Kraftbrühe, und wenn das Kind kauen konnte, Brot- und Zuckerkuchen in Form von Datteln.

Jesus als Wickelkind in der Krippe. Detail der romanischen Bilderdecke (um 1140) aus der St. Martinskirche in Zillis, Graubünden.
Abb. links: Christi Geburt (Christus als Wickelkind dargestellt). Detail aus dem südlichen Tympanon der Basilika de la Madeleine, Vézelay, Frankreich (11. und 12. Jh.)

In den bäuerlichen Schichten ging es einfacher zu. Dort stillte die Mutter selbst. Mit dem Baden wurde weniger Federlesens gemacht. Universal war das Wickeln des Kindes. Es galt als notwendig, um Deformierungen der Glieder zu vermeiden. Es sollte die „natürliche Hitze" des Körpers bewahren und war „gut" für die Verdauung. Tatsächlich diente es eher dem Gegenteil, beispielsweise der Streckung des Kopfes und der Verbreiterung der Hüften. Welchen Einfluß die beständige Mumifizierung und Bewegungslosigkeit während der ersten Lebensjahre auf die geistige Entwicklung eines Kindes hatte, kann man nur ahnen.
Zurück zu den Aufzeichnungen Nogents. Er hatte kaum mit der Rassel zu spielen gelernt, da starb sein Vater. Rückblickend zweifelte Guibert nicht daran, „daß mein Vater, wenn die Zeit für literarische Ausbildung gekommen wäre, das für mich abgelegte Gelübde gebrochen hätte. Denn mein Körperbau und eine diesem zarten Alter natürliche Lebhaftigkeit ließen mich für irdische Aufgaben tauglich erscheinen."
Diese Stelle der Memoiren ist in mehr als einer Hinsicht interessant. Erstens zeigt sie, daß es einem wohlhabenden Ritter sehr gegen den Strich ging, einen kräftigen Knaben der Kirche abzutreten. Wäre der Vater arm gewesen, hätte die geistliche Laufbahn als Versorgung des jüngeren Sohnes nahe gelegen. Dieser Gesichtspunkt war nicht gegeben. Es trat also die damals normale Reaktion ein: Warum jemand für die Sippe verlieren, der ihr vielleicht eines Tages durch eine gute Heirat nützen konnte, oder der durch kriegerische Tapferkeit ihren Ruhm mehren würde?
Zweitens läßt sich aus der Passage der Memoiren herauslesen, wie stark die Mutter ihren Sohn gegen den verstorbenen Vater beeinflußt haben muß. Anders ist der offene Vorwurf nicht zu begreifen, der Vater habe eine so schwere Sünde wie den Bruch eines Gelübdes geplant. Mit einer raffinierten Wendung schließt Guibert den Bericht über seinen frühesten Lebensabschnitt: „Gütiger Gott, zum Segen für uns beide hast Du (durch des Vaters Tod) dafür gesorgt, daß er das Dir gegebene Versprechen nicht brechen konnte."
Guibert wurde nun von seiner verwitweten Mutter mit großer Sorgfalt und in sehr behaglichen, fast luxuriösen Umständen aufgezogen. Witwe zu sein, womöglich in jungen Jahren, war nicht notwendigerweise etwas Schreckliches. Die Mutter des Abtes hat sicherlich nicht sehr getrauert. Ihre Ehe wurde ohne Befragen der Hauptbeteiligten zwischen zwei adli-

Eine Seite von Matthäus Paris' Wegkarte von London nach Jerusalem, um 1259.

Belagerungsszene, aus einem Manuskript des frühen 14. Jh.

Zurückgekehrter Kreuzfahrer, der seine schwere Rüstung ablegt. Darstellung aus einem der Gedichte über Pilgerfahrt von Guillaume de Deguileville, einem Mönch von Chaalis in Valois, ca. 1340.

gen Sippen vereinbart und dann zum frühest möglichen Zeitpunkt geschlossen. Vollzogen wurde sie zunächst noch nicht. Die Ehefrau war ein Kind von 12 Jahren und sexuell noch gar nicht erwacht. Der Gatte suchte Befriedigung bei anderen Frauen. Die Ehe ging in die Brüche und wurde später nur notdürftig geleimt. Die Mutter heiratete nicht wieder, sondern verteidigte das Besitztum ihres verstorbenen Mannes für ihre Kinder gegen allen Druck der Verwandtschaft und jedes Anerbieten, erneut eine Ehe einzugehen.

Sie war, wie viele der vornehmen Damen ihrer Zeit, eine geschickte Verwalterin ihrer Güter. Es war die Epoche der häufigen Fehden und anhebenden Kreuzzüge. Die Ritter Westeuropas halfen beim Kampf gegen die Mauren in Spanien aus oder waren auf Pilgerfahrt nach Jerusalem. Währenddessen hielt die Frau den Besitz zusammen und leitete die frühe Erziehung der Kinder. Natürlich war sie in einem Zeitalter, in dem vornehmlich die physische Kraft zählte, zu allererst Gegenstand der sexuellen Begierden. So war es durchaus üblich, eine Meinungsverschiedenheit mit ihr durch einen Fausthieb auf die Nase zu erledigen. Selbst Könige taten das. Aber an den hochadligen Höfen, besonders in der Provence, galt die vornehme Dame schon mehr. Sie war Adressatin der Liebeslyrik jüngerer Ritter, die sich als Hofpoeten in Empfehlung brachten. Um die Damen der oberen Schichten bildete sich eine verinnerlichte Zivilisation. Zu dieser Zeit kamen in Burgund die besondere Verehrung der Jungfrau Maria als Mutter Gottes auf. Sie spiegelte die veränderte Bedeutung der Frau im gesellschaftlichen Leben wider. Das färbte auch auf die Kinder ab. In einer sich verfeinernden, vielfach von Frauen bestimmten Welt erregte das Kind die Aufmerksamkeit derer, die ihre Beobachtungen aufzuschreiben in der Lage waren, also der Mönche. Der Szene zwischen Bischof und Säugling entspricht an Lebendigkeit die Beschreibung von kleinen Jungens, wie wir sie in dem viel gelesenen Lexikon des Bartholomäus von England finden:

Die Nacht bricht ein, der Mond erscheint, Kinder beeilen sich, die Burg zu erreichen, bevor die Tore geschlossen werden; der Wächter auf dem Turm bläst die Stunde. Miniatur, 14. Jh.

„Kleine Jungens, pueri auf lateinisch, heißen so, weil sie pur sind, rein. Die unvollkommene Entwicklung ihrer Organe bewirkt, daß sie weder fähig zu sexueller Aktivität sind, noch sich ihrer Nacktheit schämen. Trotz ihrer Unschuld sind sie jedoch zu List und Schwindel fähig und brauchen deshalb Disziplin. Sie leben ohne Nachdenken und Sorgen verspielt dahin und kennen keine Angst vor Gefahr außer der Furcht vor der Rute. Sie sind immer hungrig und werden deshalb leicht krank, weil sie sich überfressen. Sie möchten alles haben, was sie sehen, lachen gern und brechen ebenso schnell in Tränen aus. Sie sträuben sich gegen Mutters Versuche, sie zu waschen und zu kämmen. Kaum sauber, sind sie schon wieder schmutzig."

Der Ton dieser Beschreibung läßt aufmerken: Kindliches Verhalten wird mit verständnisvollem Lächeln betrachtet. Die Beschreibung kleiner Mädchen fällt allerdings etwas blasser aus. Sie haben bessere Manieren, sind bescheidener und schüchterner, auch anmutiger. Mütter lieben Mädchen mehr als Knaben, wegen der Gleichartigkeit des Geschlechts. Bemerkenswert ist, daß kein Standesdünkel die Schilderung verzerrt. Sie trifft ganz gewiß ebenso auf Bauernkinder zu. Von Hungersnöten abgesehen, wuchsen diese damals sicher nicht anders auf, als irgendwo auf dem Land in Mitteleuropa vor hundert Jahren. So wird eine Bäuerin des 12. Jahrhunderts beschrieben, wie sie mit ihrem Kind Verstecken spielt und, als es nach ihr zu weinen beginnt, „hervorspringt mit ausgebreiteten Armen und es umarmt und küßt und ihm die Tränen trocknet".
Etwas anderes waren die Waisenkinder, die mit sechs oder acht Jahren als Lehrlinge vermietet wurden: halbe Sklaven. Und anders war es auch mit den Kindern aus den eroberten Slawengebieten. Als Heiden fielen sie nicht unter den Schutz der Kirche. Sie wurden von darauf spezialisierten Kaufleuten in die maurischen Häfen Spaniens und Nordafrikas verkauft. Zentrum dieses Sklavenhandels war Verdun, wo die armen Würmer kastriert wurden.

Melkende Bauersfrau. Buchmalerei, Tracht Ende 14. Jh.

Das Sklaven-Schicksal teilten mit ihnen tausende der Kinder aus Nordfrankreich und dem Rheingebiet, die Anfang des 13. Jahrhunderts wie auf einen fernen Posaunenton hin Vater und Mutter verließen, um zu einem Kreuzzug ins Heilige Land aufzubrechen. Wir sprechen heute von einer Massenpsychose; aber das erklärt nicht viel. An Wunder und ein nahes Weltende glaubten auch die Erwachsenen. Die Anführer, nicht älter als fünfzehn oder sechzehn Jahre, hatten begeisternde Visionen. Diese Kinder fühlten sich aufgerufen, das Heilige Grab zu befreien, sie erwarteten, daß das Gottkind die Heere der Ungläubigen beim Anblick der sich nahenden Unschuld zerstreuen werde. Frömmigkeit half über den Hunger hinweg. Einzelne Marschgruppen gelangten nach Rom; Papst Innozenz überredete sie zur Umkehr. Andere blieben in Genua hängen, wieder andere wurden von Marseiller Kaufleuten auf Schiffe gelockt und nach Ägypten verkauft. Läßt man alle die kaum begreiflichen Umstände einmal beiseite, wirft diese seltsame Episode ein Licht auf die schwachen Bande, welche den Halbwüchsigen damals mit seinem Elternhaus verknüpften: Die Kinder liefen weg, ohne viel zu fragen. Die Eltern ließen sie ziehen, als seien sie froh, ein paar Esser los zu sein.

Das Wort „Massenpsychose" sollte auch vermieden werden, wenn es sich um die Judenprogrome handelt, die regelmäßig den Beginn von Kreuzzügen begleiten, und das nicht nur in Deutschland. In ihrem Verlauf kamen massenweise jüdische Kinder ums Leben – manchmal, weil die Mütter sie lieber mit in den Tod nahmen, als sie taufen zu lassen; manchmal ohne daß dieses Anerbieten überhaupt gemacht worden wäre. Wir hören aber auch von christlichen Familien, die jüdische Kinder vor dem Tod retten und bei sich aufziehen – als Christen selbstverständlich.

Die staufischen Kaiser haben mehrmals zum Schutz der Juden scharf durchgreifen müssen. Aber auch eines Kaisers Arm reichte nicht sehr weit. Immer wieder wurden diese Progrome gerechtfertigt mit den angeblichen Ritualmorden der Juden an christlichen Kindern. Kaiser Friedrich II. († 1250), ein sehr fortschrittlicher Herrscher, versuchte dagegen ein „modernes" Mittel einzusetzen. Er berief einen Gutachter-Ausschuß von Gelehrten, der prüfen sollte, ob die jüdische Dogmatik überhaupt so etwas wie das Opfer eines Kindes, jüdisch oder nichtjüdisch, kenne. Der Befund war negativ.

Im allgemeinen wissen wir über die Kindheit auch der Könige jener Zeit nichts. Zwischen der Mitteilung ihrer Geburt und dem Ritterschlag lassen selbst gewissenhafte Chronisten und Biographen des Mittelalters eine Lücke, die sich aus mangelndem Interesse an den Alltäglichkeiten eines Aufwachsens erklärt. Abt Guiberts Memoiren bilden da wirklich eine Ausnahme; ebenso unsere Kenntnisse über die Kindheit und Jugend des späteren Stauferkaisers Friedrich in Palermo. Er war früh verwaist und wurde Mündel des Papstes. Das machte regelmäßige Berichte päpstlicher Legaten über seinen Charakter und seine Entwicklung notwendig.

Seit seinem vierten Lebensjahr war er ein Spielball und Pfand wechselnder Parteien in dem Bürgerkrieg, der in Sizilien tobte. Man liest daher mit Erstaunen, daß sich dieser Königssproß im Trubel einer internationalen Großstadt, die Palermo damals war, nicht nur alle ritterlichen Fertigkeiten, sondern auch profunde Kenntnisse der Wissenschaften seiner Zeit aneignete. Er lernte, noch bevor er 16 Jahre alt war, neben italienisch und deutsch auch französisch, griechisch, arabisch und hebräisch. Die Mitwelt war hingerissen von seiner strahlenden Erscheinung und seinem politischen Wagemut. Die Deutschen nannten Friedrich zärtlich „das Kind von Pulle" – puer Apuliae. Der Kosenamen läßt etwas von dem Gefühlswandel erkennen, welcher zwischen Erwachsenem und Kind seit der Antike eingetreten war. Ein Römer hätte beim Wort „puer" eher etwas herablassend Abschätziges empfunden. Erst beim „Vir" begann der richtige Mensch.

Kaiser Friedrich soll (frei nach Herodot) einmal ein Experiment veranstaltet haben, um die Ursprache des Menschen herauszufinden. Er ließ Babies von Ammen aufziehen, die keinen Laut und kein Sterbenswörtchen vor den Ohren der Kinder gebrauchen durften. Welche Worte oder Laute würden sie zuerst formen? Das Experiment schlug fehl: Die Kinder

Taufschale Kaiser Friedrich I. Barbarossa (Großvater Friedrich II.) Aachen (?), um 1160. Das erste uns überlieferte Säuglingsportrait eines Kaisers. Kunstgewerbemuseum, Berlin.

Rittermarionetten-Spielfiguren, durch Stricke geführt. Aus dem ‚Hortus deliciarum' der Herrade von Landsberg, 2. Hälfte des 12. Jh., Faksimile des verbrannten Straßburger Originals in der Landesbibliothek Wolfenbüttel

Fechtende Edelknaben. Miniatur aus: „Chansonnier de Montpellier", 14. Jh. (Montpellier, Bibliothèque de la Faculté Médecine)

starben alle, weil sie nach der Überzeugung des Chronisten „nicht leben konnten ohne die Zärtlichkeiten, die entzückten Mienen und Koseworte ihrer Ziehmütter, ohne die Wiegenlieder, mit denen eine Frau das Kind einlullt, damit es nicht schlecht schläft und seine Ruhe hat." Die gleiche „hochwissenschaftliche"(!) Erkenntnis findet sich heute in jedem modernen Handbuch der frühkindlichen Erziehung.

Was ein Knabe auf einer Burg in Nordfrankreich lernte, war hausbacken, verglichen mit dem Unterricht, den das Leben selbst in den Gassen einer Weltstadt wie Palermo erteilte. Abt Guibert berichtet, daß ihn seine fromme Mutter das Beten lehrte und mit dem Lesen zu beginnen befahl, als er sechs war: „Ich fing mit dem Buchstabieren an und lernte irgendwie die Schriftzeichen. Kaum wußte ich die Buchstaben zusammenhängend zu lesen, übergab mich meine bildungsbeflissene Mutter einem Lateinlehrer. Damals gab es so wenige Sprachlehrer, daß auf den Burgen fast keiner, in den Städten kaum einer zu finden war. Wenn man zufällig einen fand, dann wußte er nicht viel. Mit den wandernden Scholaren unserer Tage waren sie nicht zu vergleichen. Mein Lehrer hatte erst als Erwachsener die lateinische Grammatik zu lernen begonnen und war in dieser Kunst unbeholfen – natürlich, weil er ja nicht darin aufgewachsen war."

Man kann sich den Hauslehrer gut vorstellen: linkisch in der vornehmen Umgebung, Tag und Nacht an einen Zögling gekettet, der bis dahin von der Mutter verwöhnt worden war. Seine mangelnden Kenntnisse, die fehlende Autorität versuchte er durch eiserne Härte zu ersetzen. Guibert beklagt sich in seinen Memoiren bitterlich, daß er an gemeinsamen Spielen mit seinen Altersgenossen überhaupt nicht teilnehmen durfte. Kein Ausgang ohne Begleitung des Lehrers. Außer Haus durfte er nichts essen. Ohne des Lehrers Erlaubnis durfte er von niemandem Geschenke annehmen. Alles mußte wohlgemessen getan werden, in Worten, Blicken und Werken.

„Meine Kameraden streunen überall nach Belieben herum. Ihnen werden die Zügel freigelassen. Währenddessen sitze ich wie ein Geistlicher angezogen da und betrachte von fern die Meute spielender Kinder wie ein Opferlamm."

Da Guibert's Lehrer vertragsgemäß keinen anderen Schüler annehmen durfte, konzentrierte er sich unmäßig auf diesen einen und stellte ihn sogar an Sonntagen und Heiligenfesten unter die Zucht der Lektionen. Kein Tag, fast keine Stunde Freizeit, immerfort nur Studieren. Diese asketische Strenge hätte sich eigentlich in blendenden Leistungen des Schülers niederschlagen müssen. Aber weit gefehlt. Guibert über seinen Lehrer: „Vom Briefeschreiben und Versemachen versteht er überhaupt nichts. Dafür werde ich fast täglich mit einem wüsten Hagel von Ohrfeigen und Schimpfworten zugedeckt. So zwingt er mich zu lernen, was er nicht zu lehren versteht."

Eines Tages fand die Mutter heraus, daß die Arme und der Rücken des Jungen geschwollen, gerötet, braun und blau geschlagen waren. Unter Zornestränen stellte sie den Lehrer zur Rede. Wenn die Erziehung zum Geistlichen damit bezahlt werden müsse, wolle sie den Knaben lieber auf Schwert und Schild vorbereiten, und ihn als Pagen an einen guten Adelshof geben, sobald er alt genug sei.

Guibert stellt es in seinen Memoiren so dar, als habe selbst Prügel und Mißhandlung keinen Einfluß gehabt auf seinen Entschluß, Geistlicher zu werden. Wieweit das wirklich der freie Entschluß eines Achtjährigen war, lassen wir dahingestellt – später gingen sowohl die Mutter als auch der Lehrer ins Kloster. Da wird wohl der erzieherische Druck in diese Richtung erheblich gewesen sein. Sicher hatte auch die Entfremdung von den Altersgenossen und ihren Lieblingsbeschäftigungen bereits ihre Wirkung getan.

Das Leben eines Rittersohnes verlief normalerweise, wie Guibert andeutet, ganz anders: man schloß sich

Mönch lehrt einen Klosterschüler. Buchmalerei 13. Jh.

Herangewachsene Söhne, denen die verwitwete Mutter Roß, Harnisch, Schwert, Deckbett, Kissen, Tisch- und Handtuch überreicht, das sog. ‚hergewaete' (13. Jh.).
Nach vollendeter Ausbildung wird der Knappe zum Ritter geschlagen. Nachdem er den Treueid geleistet hat, wird er mit dem Schwert gegürtet (Schwertleite), Diener heften ihm Sporen an.

zu Gruppen zusammen, fand sich jahrgangsweise bei Kampfspielen, bei früher, wilder Jagd und ständigen Waffenübungen. Später trat man in eine Schwert-Bruderschaft ein, von der Frauen und Schreiberlinge ausgeschlossen waren. Diese Athleten waren auf Tier- und Menschenjagd dressiert, auf Wildheit des Gefühls abgerichtet. Sie lebten erst richtig auf, wenn sie das Hufgetrappel der Rösser im Felde hörten. Wenn das Schreien der Abgeworfenen und Getroffenen beantwortet wurde durch das Kampfgeschrei „Vorwärts! Drauf!". Wenn die Walstatt mit Toten bedeckt war, in deren aufgerissenen Flanken die Lanzen mit ihren bunten Wimpeln staken. Dem Freund unter dem Gerassel der Schwerter zu Hilfe eilen, dem Genossen beispringen, bereit zum Tode, wenn es sein muß – das wurde Kindern der Rittergesellschaft als höchstes Glück der Erde dargestellt, und so empfanden sie es auch.

Guibert jedoch hatte unter einem anderen erzieherischen Einfluß gestanden:

„Fast sechs Jahre verbrachte ich in vergeblichem Ringkampf mit diesem Lehrer. Der wissenschaftliche Ertrag stand in keinem Verhältnis zum Zeitaufwand. In allen Bereichen anständigen Verhaltens andererseits waren mir seine Bemühungen von großem Nutzen. Bescheidenheit, Keuschheit und guten Geschmack brachte er mir getreulich und liebevoll bei."

Was bedeutete „guter Geschmack" in einer Gesellschaft, die dem Trieb zu Raub, Totschlag und Plünderung soviel Raum gab? Gerade diese Gesellschaft, die Augenblicke ungezähmter Kampflust forderte, bedurfte der Umgangsformen für „friedliche" Zeiten. Der Page mußte wissen, wie er dem Burgherren zu antworten hatte; der wiederum hatte bestimmte Regeln zu beachten, wenn er am Hof seines Lehensherren der Gräfin begegnete. Aus jener Zeit stammt das Wort Höflichkeit. Es ist die Zeit der ersten abendländischen Anstandsregeln. Sie galten für Erwachsene von Stand und Rang, obwohl uns scheint, daß sie eher für Kinder aufgestellt wurden:

„Ohren bohren, wenn aufgetischt,
und Augen wischen ziemt sich nicht.
Wem Unflat aus der Nase rinnt,
weiß nicht, was Anstandssitten sind."

Die in diesem Vers bezeichneten Unarten haben wir Angehörige der bürgerlichen Gesellschaft des zwanzigsten Jahrhunderts, wenn es gut geht, bereits in der Kinderstube blockiert. Das frühe Mittelalter brauchte länger dazu. Tatsächlich richteten sich diese Verhaltensratschläge sowohl an Erwachsene als auch an Kinder. An die Älteren, sie zu beherzigen in einer rohen Kriegerwelt. An die Kinder, sie auswendig zu lernen und allmählich in Fleisch und Blut übergehen zu lassen. Zum leichteren Erlernen und Erinnern sind diese Regeln vielfach in die Versform gebracht worden, ein bedeutsames Beispiel ist die „Hofzucht" des Minnesängers Tannhäuser.

Ritterliches Schlachtgetümmel. Bilderfolge aus einem Manuskript des 12. Jh. (Landesbibliothek Wolfenbüttel)

Da sich die Damen und Herren der vornehmen, der höflichen Gesellschaft meistens bei Tafelfreuden trafen – sonst verlief ihr Tageslauf getrennt –, standen gute Tischmanieren auf der Wunschliste des Anstands obenan. Jeder aß, wie es kleine Kinder am liebsten tun, mit den Fingern. Die Gabel war noch unbekannt. Erst hundert Jahre nach Guibert wurde mit Erstaunen festgestellt, daß sich in der Mitgift einer sechsjährigen ungarischen Prinzessin eine Gabel befand. Das Messer, als Angriffs-Instrument, mußte bei Tisch mit besonderer Vorsicht benutzt werden. Suppe kam in einem Gemeinschaftstopf auf den Tisch und wurde mit Brot aufgetunkt, das Fleisch mit den Fingern ergriffen – wohin aber mit den Knochen?

„Mancher wird vor Scham nicht rot,
wenn er das Bein benaget hat
und wieder in die Suppe tut.
Das halte für 'ne Missetat!"

Tafelszene aus der ‚Eneid‘ des Heinrich von Veldeke, 12. Jh.

Edelfräulein bedienen bei der Tafel, um Lebensart und Gepflogenheiten des Hofes kennenzulernen. Aus einer Handschrift des Parzifal um 1250 (Staatsbibliothek München)

Tafelszene um 1250. Den Servierdienst versieht ein Edelknabe.

Wie man sich den Mund zu wischen hat und wann, auf welche Weise das Trinkgefäß ergriffen und geleert werden soll – was mit herabgefallenem Brot geschieht, alles war in dieser Hofzucht bedacht. Sinn der Höflichkeit war es, Höherstehenden nicht auf die Nerven zu gehen – wobei man sich die Empfindlichkeit nicht sehr groß vorstellen muß gegenüber Körpergeräuschen, die wir heute höchstens kleinen Kindern nachsehen.

„Wer sich über die Schüssel stürzt
und isset wie ein Schwein,
und schmatzt und schnaubt
und auch noch fürzt,
der kann ein Edelmann nicht sein."

Als ungesund – vor allem für Kinder – galt es, seinen Speichel herunterzuschlucken. Ein Problem war jedoch, wohin man spucken durfte, ob auf den Tisch oder unter ihn. Taschentücher gab es nicht. Zum Schneuzen wurde die Hand genommen – und nun wiederum die Preisfrage: wohin damit?
Man schlief nackt. Da es nie genug Betten gab, zumal auf Reisen, müssen Kinder bereits genau gelernt haben, wie sie sich einem Höherstehenden gegenüber zu benehmen haben, wenn sie mit ihm das Bett teilen müssen. Anweisungen zum Waschen und Kämmen wechseln in diesen Anstandsregeln mit modischen Tips. Immer kann man erkennen, daß die gute Gesellschaft sich der Höflichkeit nicht aus moralischen Gründen befleißigt, sondern weil der Rangniedere dem Ranghöheren beileibe nicht zu nahe treten darf. Indes verband Groß und Klein in der ritterlichen Welt schließlich doch eine gemeinsame Pflicht zur christlichen Caritas.

„Wenn Ihr jetzt esst, so seid gemahnt,
daß ihr vergeßt der Armen nicht.
Das wird bei Gott sehr wohl erkannt
und tut euch wohl in seiner Sicht."

Als Guibert zwölf Jahre alt wurde, trat seine Mutter „um ihres eigenen Seelenheils willen" in ein Kloster ein. Das Kind fühlte sich völlig alleingelassen: „Man braucht doch in diesem zarten Alter die Zärtlichkeit einer Frau Mutter!".
Nach einem Jahr der ziellosen Ausschweifungen, die u. a. in langem Schlafen bestanden, fand der zukünftige Abt, was er seit der Trennung von seinen Altersgenossen immer gesucht hatte: er fand Gleichgesinnte, er ging ins Kloster.
Seine Ausbildung verlief nach dem Satz: „Kein Königssohn wird sorgfältiger erzogen als ein Kind im Kloster." In den Klosterregeln war für Kinder, (die häufig von Geburt an bei den Mönchen lebten) ein fester Platz vorgesehen: Sie stehen unter ständiger Aufsicht des Lehrmönches. Er sitzt zwischen ihnen, um körperliche Berührungen auszuschließen. Ohne seine Erlaubnis dürfen sie weder Zeichen machen, noch sprechen, noch sich erheben. Von niemandem, außer vom Abt selbst dürfen sie ein Geschenk annehmen. Niemand, auch kein anderer Mönch, darf in die Schulräume kommen, mit den Kindern sprechen oder ihnen zulächeln. Im Schlafsaal sind ihre Betten durch die der Erzieher voneinander getrennt. Ein Mönch hält während der Nacht beim Schein einer Kerze Wache. Die Kinder dürfen die Latrine nicht besuchen, ohne daß ein Erzieher zugegen ist. Wenn sie Strafe verdient haben, werden sie geschlagen. Das wird aber auch bei den älteren Mönchen angewandt. Die Ordensregel gesteht jüngeren Knaben bessere Kost und gelindere Strafen zu. So schlägt man die Klosterzöglinge nicht, wenn sie bei den allnächtlichen Chorgesängen vor Müdigkeit einnikken, sondern sie bekommen ein schweres Buch in die Hand gelegt, damit sie wach bleiben.
Klosterschulen waren „die Fachschulen der Christenheit", in denen das Latein der Liturgie und Psalter für den Gottesdienst eingebleut wurden. Gewiß studierte man dann auch die Kirchenväter und erlernte den Briefstil anhand Ciceros Schriften. Aber Unterricht hieß vornehmlich Auswendiglernen – wie heute in den Koranschulen. Das war eine stumpfsinnige Angelegenheit und erforderte deshalb, wo intuitive erzieherische Fähigkeiten fehlten, eine asketische Disziplin.

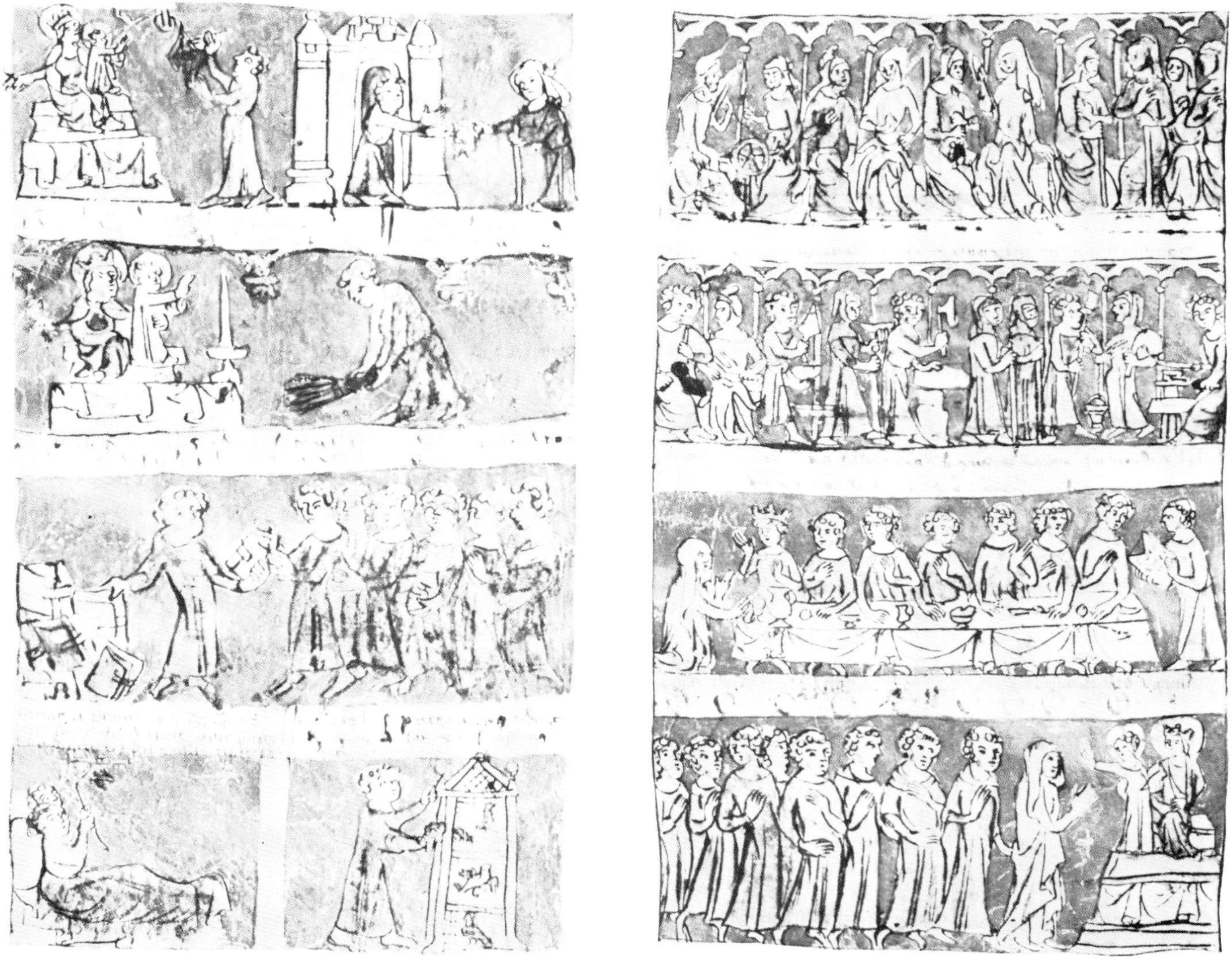

Das Leben der Schüler des Ave Maria College in Paris beschreibt ein Manuskript aus dem 14. Jh. Der Wochendienstleistende zündet das Licht vor der Statue der Jungfrau an. Samstags fegt er die Kapelle aus. Am Ende der Woche übergibt er die Bibliotheksbücher, manche angekettet, dem nach ihm diensttuenden Schüler in Gegenwart von fünf Kameraden, die die Übergabe bezeugen müssen. Jeden Morgen muß der zuerst Erwachende die Glocke läuten und zur heiligen Maria beten. Er füttert die schuleigenen Goldfische. Bilderfolge rechts: Verteilung der Almosen an zehn arme Frauen und zehn arme Männer. Ein traditionelles Spiel mit Darstellung der Jungfrau und der Schulgründer wird aufgeführt. Die Schüler reihen sich vor der Jungfrauenstatue auf, um den Segen des Gotteskindes zu empfangen.

Als Abt von Nogent hat Guibert nicht vergessen, was er bei den Mißhandlungen durch seinen Privatlehrer empfunden hat. Er plädiert in seinen Memoiren für eine vernünftige, nicht auf Prügel sondern mehr auf Liebe gestützte Kloster- und Schuldisziplin. Diese Auffassung vertrat auch der Erzbischof Anselm von Canterbury.
Ihn fragte ein Abt um Rat, der mit den Knaben seines Klosters nicht fertig wurde, und klagte, „obwohl wir sie Tag und Nacht schlagen, werden sie schlimmer und schlimmer." Darauf antwortete Anselm von Canterbury: „Solange die Kinder weder Liebe noch Mitleid, weder guten Willen noch Zärtlichkeit in Deiner Haltung entdecken, werden sie nicht an Deine Güte glauben. Sie werden überzeugt sein, daß alle Deine Handlungen nur dem Haß und der Mißgunst entspringen. Sie sind niemals in wahrer Liebe für irgendjemand erzogen worden. Also betrachten sie jeden mit Mißtrauen und Abneigung. Aber sind es denn keine Menschen? Haben sie nicht Fleisch und Blut wie Du? Würdest Du gern behandelt werden, wie Du sie behandelst? Würdest Du gern sein, was sie durch Dich geworden sind?"
Der Dichter Walther von der Vogelweide drückte diesen Gedanken ein Jahrhundert später ganz prägnant so aus:

Uns macht man mit Ruten
böser, als im Guten.
Mehr als Peitschenschlag
gutes Wort vermag.

Der Vorschlag mancher Mönche, professionelle Erzieher sollten das Empfinden hilfloser Kinder in Betracht ziehen, war ein revolutionärer Ratschlag für eine Gesellschaft, in der physische Kraft, Todesverachtung und vornehmer Stand höhere Werte waren als Mitgefühl und Mitleid. Den gepanzerten und hoch zu Roß sitzenden Helden des Hochmittelalters mußten sentimentale Erziehungs-Regeln widersinnig erscheinen. Paradox, wie die Unterwerfung unter einen Gott, der Kind war und sich widerstandslos abschlachten ließ. Paradox, wie die Verehrung einer hilflosen Frau. Großen Anklang fanden diese neuen Ansichten der Mönche über die Erziehung also nicht. Es dauerte Jahrhunderte, ehe auch nur einiges davon Eingang fand in das Leben der Kinder Europas.

Schulszene. Ein unbotmäßiger Schüler wird vom Lehrer mit drohend erhobenem Stock aus der Schule verwiesen. Miniatur, 14. Jh.

Lust oder Leid

Die Renaissance

In den Darstellungen der Heiligen Familie treten immer mehr Attribute des täglichen Lebens in den Vordergrund: Jesus als Kleinkind im Laufställchen, Maria am Spinnrocken, Josef an der Hobelbank. Miniatur aus einem Manuskript des 15. Jh. (Landesbibliothek Wolfenbüttel)

Miniatur aus dem Buch Tobias der Bibel des Borso d'Este: Der junge Tobias nimmt Abschied von seinen Eltern. 1455–1461 (Modena, Biblioteca Estense)

Die Jahrzehnte nach 1450 sind eine Zeit rascher Änderungen in unserer Zivilisation. Aus Indien und Amerika hört man erstaunliche Dinge. Wahrscheinlich ist die Erde sogar rund! Das Wissen, das bisher in Kloster-Handschriften gehütet wurde, vervielfacht sich durch die Wiederentdeckung und Übersetzung von Klassikern, die bis dahin nur in griechischer oder arabischer Schrift zugänglich waren. Die Druckerpresse bringt die neuen Erkenntnisse unter die Leute.

Der französische Hofmaler Jean de Bourdichon (1457–1521) schildert in seiner Bilderfolge ‚Die vier Stände der menschlichen Gesellschaft' eine Handwerkerstube: Vater an der Hobelbank, Mutter am Spinnrocken, das Kind sammelt die Holzabfälle in einen Korb (Paris, Ecole des Beaux Arts)

Heilige Familie beim Mahl, von Jan Mostaert (um 1475–1555). Die Mutter füttert, das Kleinkind mit Milchbrei, während der Vater Brot schneidet. (Köln, Wallraf-Richartz-Museum)

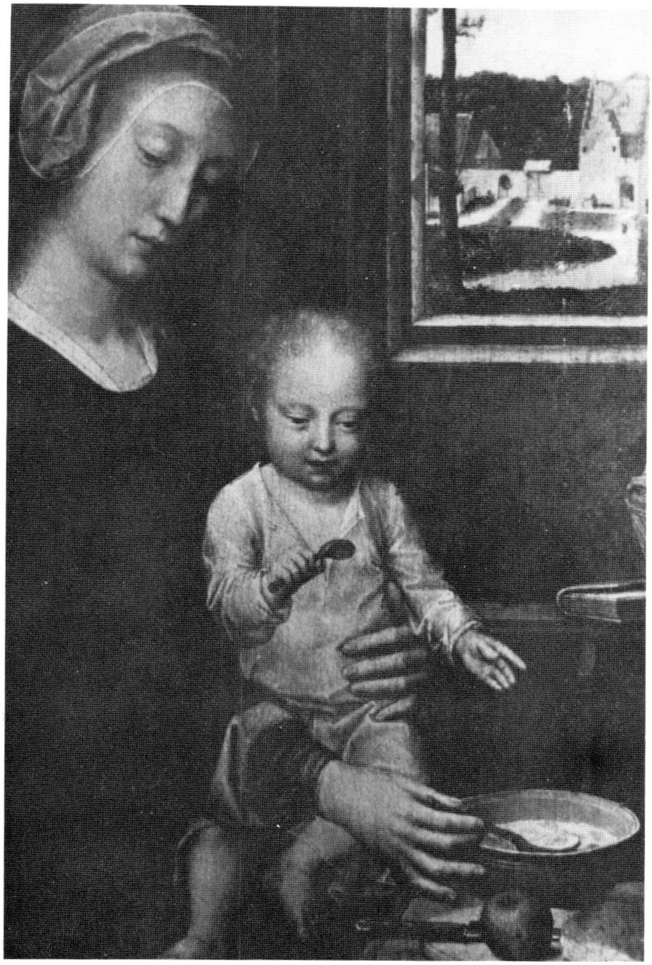

,Die Suppenmadonna' von Gerard David, um 1500 (Brüssel, Musée des Beaux Arts)

Burg, Kloster und Kathedrale sind nicht mehr die allein anerkannten Zentren der Kultur. Die Bürgerhäuser der Städte und glänzende Fürstenhöfe machen ihnen Konkurrenz. Die Faszination der Frömmigkeit mit dem Jenseits läßt nach. Das Diesseits und die Menschen, die es mit einem teilen, gewinnen an Interesse. Und somit auch junge Menschen, Kinder, sogar Säuglinge.

Bei aller Begeisterung für die Literatur des klassischen Altertums übernahm der „Humanist" die Lebensregeln der Antike nicht unterschiedslos. Er hätte sonst das Kind mit der kalten Selbstverständlichkeit der Antike auf seinen Nutzen für die Eltern geprüft und geraten, es bei Untauglichkeit wegzuwerfen. Das blieb den Kindern der Renaissance erspart. Kirche und Klöster hatten da eine Wandlung herbeigeführt. Kindestötung war schon längst nicht mehr statthaft. Mit dem Marienkult und der Vorstellung von Gotteskindschaft war eine zartere Beziehung zwischen Eltern und Kind entstanden. Sie blieb in der Renaissance erhalten, vertiefte sich sogar, denn die großen Geister der Zeit ließen sich von Platos pädagogischem Enthusiasmus anstecken: Der junge Mensch ist erziehbar und muß erzogen werden.

Für das ausgehende Mittelalter war das ein neuer Gesichtspunkt. Zählte der Mensch im allgemeinen doch erst, wenn er erwachsen war, einen Hausstand gründete und selbst Kinder bekam! Zwar war er auch vorher mitten im Geschehen – Kinder trieben sich überall zwischen den Erwachsenen umher –, aber das war so selbstverständlich und so wenig beachtenswert, daß außer Geistlichen niemand besondere Notiz davon nahm.

Bilderfolge des anonymen ‚Meister des mittelalterlichen Hausbuchs', um 1480 (Hamburger Kunsthalle)

Man braucht sich als Beleg bloß einen Bilderzyklus anzusehen, der um das Jahr 1480 entstand – also einige Jahre, bevor Amerika entdeckt wurde. Der anonyme ,,Meister des mittelalterlichen Hausbuchs" zeigt darin die Erfahrungswelt eines Ritters vom Niederrhein:
Städte sieht man nicht. Die Welt besteht aus kleinen Gehöften, Äckern und Wiesen, Flußläufen und Hügeln und häufig einer Burg im Hintergrund. Vorn waidet ein armer Schlucker ein gefallenes Pferd aus. Eine gebrechliche Alte hinkt vorüber. Am Weg sitzt ein armseliges Paar, Hände und Füße im Block. Ein Bauersknecht gräbt an einem Rinnsal. Der Bauer und sein kleiner Sohn pflügen mit einem Pferde mühsam den hügeligen Acker. Ein zerlumpter Kerl wird zum Galgen geführt. Neben ihm der Bewaffnete und der Mönch in der Kutte, dahinter der Ritter mit zweien seiner Leute.
Der Galgen gehört zum Bild, wie der Bach oder wie ein Baum. Er ist das Symbol der Gerichtsherrschaft des Ritters.
Es ist eine Welt, in der sich viel begibt und in der Tod und Leben, Armut und Macht sehr realistisch geschildert sind. Aber man fragt sich: Wo bleiben in dieser Welt, deren Alterspyramide soviel breiter war als die in unserer Zeit, wo bleiben denn die Kinder? Müßten nicht auf jeden Erwachsenen zwei entfallen? Wir sehen aber nur den Bauern und seinen kleinen

Marienbilder aus der Frühzeit der gotischen Tafelmalerei: Giotto, Madonna aus Ognissanti, Florenz, Uffizien

Aus dem Ikon ist ein Portrait geworden. G.F. Caroto: Knabe mit Kinderzeichnung (Verona, Museo die Castelvecchio)

Knieendes Wickelkind als Stifterportrait auf einem Familienaltarbild aus Mailand, Ende 15. Jh. La Pala Sforcesca (Mailand, Galeria di Brera)

Sohn. Und in anderen Teilen des Zyklus ein Bettelkind am Eingang des Kriegslagers oder einen Sohn hinter dem Vater auf dem Rücken des Pferdes als Zuschauer bei einem Turnier.

Ansonsten aber spart der anonyme Künstler die Kinder aus. Sicher nicht aus Kinderhaß, sondern weil sie ihm offenbar nicht in den Sinn kommen. Was ihm zum Sternbild des Kriegsgottes einfällt, ist z.B. der Überfall auf ein Dorf. Hier hätte die Anlehnung an den Kindermord zu Bethlehem nahegelegen. Aber nichts dergleichen. Der Künstler tut, als ob es keine Kinder gäbe. Dabei muß es im Dorf von Kindern gewimmelt haben. Kein moderner Illustrator einer solchen Aktion würde sich diesen Effekt entgehen lassen. Er würde die Grausamkeit des Krieges durch die geschändete Unschuld des Kindes hervorheben. Man denke an den Kinderwagen auf der Treppe in dem russischen Film Panzerkreuzer Potemkin. Aber dergleichen interessiert den unbekannten Meister des Hausbuches nicht. Er will nicht die Grausamkeit der Kriegsmannen, sondern die Erbärmlichkeit der Bauern beschreiben. Dazu bedarf es keiner Kinder. Bauernkinder sind in der agrarisch-ritterlichen Welt des ausgehenden Mittelalters kein Gegenstand besonderen Interesses.

Zur gleichen Zeit bietet sich in den Städten Oberitaliens ein ganz anderes Bild. Hier herrscht ein „geistiges Reizklima". Die Abenteuer großer Geldunternehmen und weiter Handelsreisen werden in den Gesichtern und in den Trachten der Bürger sichtbar. Neue Erfindungen, neue Entdeckungen fordern den Intellekt zu rascherer Gangart heraus. Die Maler bemächtigen sich nicht nur der Kunst der Perspektive, sondern wenden sie auf immer neue Themen an.

Da ist zum Beispiel die Mutter Maria mit dem Kind. In der Frühzeit der Tafelmalerei hält sie den Jesusknaben majestätisch starr wie einen Gegenstand. Etwas später werden Anzeichen der Gefühlsbewegung erkennbar. Die Beziehung belebt sich. Das Kind macht sich selbständig. Aus einem Bündel wird ein fettes, meist etwas zu großes Wesen. Es säugt an der Brust. Es läßt sich liebkosen. Es beobachtet seine Umgebung. Es spielt mit Tieren, Pflanzen, Früchten und Gefährten. Es strampelt und zeigt leichte Unarten, wie sie der Künstler in der eigenen Familie und auf den Gassen seiner Stadt beobachtete. Nun spielt die Mutter mit dem Kind. Andere Heilige, ähnlich den Nachbarn und Freunden aus dem Quartier, versammeln sich um die Szene. Schließlich, nach einer jahrhundertelangen Entwicklung, ist der Mittelpunkt gar nicht mehr ein idealisiertes Christuskind, sondern eine Göre aus dem täglichen Leben der Hinterhöfe, Straßen und Gärten. Nun tritt auch, zunächst zaghaft, das Kind mit Namen und Familienherkunft vor uns hin. Aus dem Ikon ist ein Porträt geworden.
Man sieht es jetzt häufig auf Bildern mit Massenszenen, das Kind. Es wird von der Frau gefüttert, gehätschelt, herumgetragen, abgehalten. Es uriniert gegen die Wand. Eine heitere Beigabe zu dem ernsteren Geschehen im Blickpunkt des Bildes.
Die Künstler bevorzugen nun bestimmte Themen, die unter einem religiösen Vorwand die Gelegenheit geben, Kinder zu zeigen. Das Fest der Beschneidung Jesu wird häufig dargestellt. Alle chirurgischen Details sind registriert. Wie weit entfernt ist das von den Szenen im Mittelalterlichen Hausbuch!
Die Aufzucht von Kindern wird um 1500 zum Gegenstand wissenschaftlicher Forschung. Für einen Arzt war es zwar noch verwegen, einer Geburt beizuwohnen. Ein Hamburger Arzt büßte seinen Wissensdurst mit dem Tode. Aber es erscheinen doch schon in Europa Handbücher über Geburts- und Säuglingspflege, wie auch die ersten Spezialschriften zur Kinderheilkunde. Es sind die Familien der Handelsherren, der Kaufleute, der Bankiers und gehobenen Handwerksmeister in den Metropolen der Renais-

Auf dem Altarbild des Justus von Gent sind die Kinder als wichtiger Bestandteil der Szene einbezogen: Sie trinken vom Brunnenwasser von Mara. Triptychon der Kreuzigung. Fragment des linken Flügels, 1464 (Gent, St. Bavo)

Lucas Cranach (1472–1553): Die heilige Sippe (sog. Torgauer Altar). Im Vordergrund der Mitteltafel ein kleiner Junge mit einem hölzernen Fangkorb für Wurfbälle, auf der rechten Tafel kämmt eine Frau ihren Sohn mit einem Schabkamm (Städelsches Kunstinstitut Frankfurt/Main)

Maitre de Saint-Sévérin, Beschneidung. Kölner Schule zwischen 1500–1515 (Réunion des Musées Nationeaux)

Nürnberger Wochenstube, Holzschnitt von Albrecht Dürer (1471–1528) aus dem Leben der Maria. Kupferstichkabinett in der Gemäldegalerie Berlin-Dahlem. In den Wochenstuben wurden regelrechte Sauffeste veranstaltet, die vor allem von Frauen besucht wurden.

Titelholzschnitt nach einer Zeichnung des Ulmer Malers G. Merkel zu E. Rößlin, Hebammenbuch, 1513.

Hebamme und Beifrau bei der Gebärenden. Holzschnitt aus dem ‚Artzenei-Spiegel', 16. Jh.

Kaufmann inmitten seiner Familie. Holzschnitt aus ‚Regiment der jungen Kinder', Augsburg, gedruckt bei H. Schauer, 1477.

sance, die sich für solche Werke und ihre Illustrationen interessieren.
Was ein italienischer Handelsherr um 1500 mit der Hebamme besprochen haben mag, läßt sich am einfachsten in einem Dialog wiedergeben.

Handelsherr: Ich habe dich gerufen, weil meine Frau demnächst niederkommt.
Hebamme: Gott gebe Ihnen einen prächtigen Jungen.
Handelsherr: Nichts anderes. Nun laß dich prüfen. Was bringst du alles mit?
Hebamme: Seife zur Reinigung von Mutter und Kind. Eine Auswahl von Säuglingswäsche, Windeln, Wikkelbinden und Bandagen sowie den Gebärschemel.
Handelsherr: Wozu das?
Hebamme: Damit ich bei der Geburt richtig sitzen und werkeln kann.
Handelsherr: Wozu die Bandagen?
Hebamme: Sie sind für die Stirn der Mutter, damit sie keine Falten und Runzeln bekommt. Sie wollen doch eine attraktive Frau behalten? Und dann natürlich sind sie zum Wickeln des Knaben da, damit seine Glieder gerade und stramm werden und er sich nicht zerkratzen kann.
Handelsherr: Soweit gut. Neuester Stand der Wissenschaft! Wieviel Finger breit schneidest du die Nabelschnur ab?
Hebamme: Drei Finger breit vom Bauch; dann knoten. Ich sehe mir den Nabel immer genau an. Hat er keine Falten, bedeutet das künftige Kinderlosigkeit.
Handelsherr: In unserem Fall wird der Nabel Falten haben.
Hebamme: Ganz gewiß, gnädiger Herr. Das Baby wird dann zum Schutz gegen Rauch und Kälte mit Eichelöl eingerieben und mit warmem Wasser gewaschen. Die Nüstern werden mit den Fingern geöffnet, Öl wird in die Augen getröpfelt. Die, Verzeihung!, Sitzfläche wird mit der Absicht behandelt, den Darm zu entleeren.
Handelsherr: Was geschieht mit dem Nabelstumpf?
Hebamme: Er fällt nach drei Tagen ab. Ich trage dann Kalbsasche auf.

Florentiner Wochenstuben wurden mit reichen Stoffen ausgekleidet, die oft einen beträchtlichen Teil des Familienvermögens kosteten. Domenico Ghirlandajo (1449–1494), Die Geburt von St. Johannes dem Täufer (Basilika di S. Maria Novella, Florenz)

Pordenone, Giovanni Antonio (1483–1539), Die Familie des Malers (Ausschnitt), Rom, Villa Borghese. Der Säugling auf dem Schoß der Mutter ist mitsamt seinen Armen fest in Wickelbänder geschnürt.

Eine reale Situation mit bethlehemitischen Metaphern von Ochs und Esel im Hintergrund: Jesus wird von einer Amme (Ammenhaube!) in einem Holzzuber gebadet, während Josef, den Geldbeutel am Gürtel, sich Hände und Füße am Feuerkessel wärmt. Manuskript aus dem frühen 15. Jh. (British Library, London)

Handelsherr: Man rät in den modernen Schriften, dafür Puder vom roten Blei mit Wein versetzt zu verwenden.
Hebamme: Davon halte ich gar nichts. Dann lieber die gestoßene Schale von Schneckenhäuschen.
Handelsherr: Du mußt es ja wissen. Hast du noch etwas vergessen?
Hebamme: Das Korallenamulett.
Handelsherr: Das bewahrt meinen Jungen vor dem bösen Blick.
Hebamme: Er zahnt auch besser damit.
Handelsherr: Du scheinst Bescheid zu wissen. Unterrichte jetzt bitte die von uns ausgesuchte Amme in allem, was notwendig ist.
Hebamme: Sie tun gut daran, Ihren Sohn einer Amme auf dem Land zu geben. Anfangs ist die Milch einer anderen Frau als der Mutter viel besser.
Hebamme (erblickt die Amme): Was für ein Bauerntrampel! Zeig mir deine Brüste. Die Zitzen sind gut. Zu große Zitzen tun dem Gaumen und den kleinen Kiefern Ihres Sohnes weh. Er wird dadurch gezwungen, den Mund zu weit zu öffnen. Das überdehnt die Sehnen und schmerzt wie bei einem Krampf.
Handelsherr: Koste ihre Milch!
Hebamme: Gern. In Ordnung. Sie soll weder schwärzlich noch bläulich noch rötlich sein, auch nicht sauer, scharf oder salzig schmecken. Nur, du Trampel, wage ja nicht, dem Baby, wenn du es zu dir aufs Dorf genommen hast, Milch von der Ziege, dem Schaf, dem Schwein oder dem Esel zu geben! Wer davon zuviel trinkt, blickt dumm drein, bekommt leere Augen und ist im Oberstübchen nicht richtig.
Handelsherr: Belehre sie über die körperliche Reinlichkeit!
Hebamme: Bade das Kind im Winter in heißem, im Sommer in lauwarmem Wasser. Und zwar oft! Mindestens zweimal die Woche! Massiere ihm seinen Bauch, dann läßt es sein Wasser besser. Tue es in eine Wiege und stelle sie an einen verdunkelten Ort oder in den Schatten. Der Kopf des Kindes soll dabei höher liegen als der Körper. Ich hoffe, du kannst ordentlich wickeln?
Denke daran, alle Körperteile in die richtige Lage

Antonio Mantegna: Madonna mit schlafendem Kinde (Gemäldegalerie Berlin-Dahlem). Man beachte die eingewickelten, an den Körper geschnürten Hände!

bringen. Keine Krümmung zulassen, auch nicht brutal zurechtbiegen! Kinder sind zarte Zweige. So wie man sie behandelt, so wachsen sie. Gerade oder krumm. Lege die Arme entlang den Seiten, damit sie gerade werden. Nach vier Monaten laß die Arme frei! Aber wickele ein Jahr lang Brust, Leib und Beine, um die kalte Luft fernzuhalten, bis das Kind stärker geworden ist. Wechsle die Windeln oft wegen, Verzeihung!, Urin und Kot. Noch etwas: Nimm das Kind ja nicht mit ins Bett und sag hinterher, du hättest es im Schlaf erdrückt. Denke an deinen Verdienst: Er beträgt dank der Großzügigkeit des gnädigen Herrn 5 Lire, 5 Soldi im Monat. Du erhältst auch eine Ausstattung für das Kind von 32 Stück Windeln, 6 Wickelbändern und sechs Stück Wolltuch.

Nicht selten, daß das Herz des florentinischen Hausherrn mehr an den Kindern seiner Mätresse hing, als an denen der legitimen Frau. Die letztere mochte er nur aus Geschäftsgründen geehelicht haben. Der Altersunterschied war meistens groß. Ihre Kinder wurden sofort nach Geburt und Taufe aufs Land zur „Bania" gegeben und blieben dort, wenn alles gut ging, für die nächsten zwei bis drei Jahre. Ging es schlecht, mußten sie die Ziehmutter wechseln. Ging es sehr schlecht, wurden sie mißhandelt und mußten hungern. Viele starben bei diesem Verfahren. Die weggegebenen Kinder wurden von den Eltern fast nie besucht. Und ihre Rückkehr ins väterliche Haus war in der Regel ein großer Schock für sie: Sie verloren die Ziehmutter, die einzige, die für sie Bezugsperson war. Sie mußten sich in einem schwierigen Prozeß in einen städtischen Haushalt eingewöhnen. Mit Geschwistern, Vettern und Cousinen, Dienstboten und unehelichen Kindern des Vaters konkurrierten sie um Liebe und Zuneigung des Familienoberhaupts und seiner Frau.

Bürgerkriege, politische Verbannungen, Privatfehden, die Pest und lange Geschäftsreisen waren Grund und Ursache dafür, daß die Kinder ihre Väter selten sahen. Hatten sie das siebente Jahr erreicht,

wurden sie in die kaufmännische oder Handwerkslehre zu befreundeten Familien gegeben. Lernen und Dienen sollten sie. Von behüteter, behaglicher Kindheit kann unter diesen Umständen nicht die Rede gewesen sein. Manche der zarten Familienszenen, die uns die Maler der italienischen Renaissance überliefern, entsprechen wohl mehr dem Ideal als der Wirklichkeit. Und die Wirklichkeit sah anders aus, als das Marienideal.
Hätte das Elternhaus des Jesuskindes in Florenz statt in Nazareth gestanden, so hätte der Knabe eng gewickelt in irgendeiner Bauernstube der Toscana bei der Amme gelegen.
Und dann wieder – warum sollten italienische Mütter vor 500 Jahren weniger kinderlieb gewesen sein, als die heute? Hätten sich sonst die geistlichen Ratgeber (zum Beispiel der Dominikaner Giovanni Dominici) darüber aufgeregt, daß die Mütter ihre Kinder den ganzen Tag mit sich herumtragen, abknutschen und küssen, ihnen Lieder singen, närrische Geschichten erzählen, sie mit Geistern erschrecken, Versteck mit ihnen spielen und sich abplagen, sie schön, gesund und fröhlich zu machen?
Auch der sonst sehr tolerante Erasmus von Rotterdam (1469–1536) tadelt das Zuviel an Nachsicht:
„Nichts haftet fester, als was den unbefangenen Seelen eingeflößt wird. Was für ein Mutterherz haben die Frauen, welche ihre Kinder beinahe bis zum siebenten Jahre auf dem Schoß behalten und fast wie Hampelmänner behandeln? Wenn sie denn so große Lust zum Spielen haben, warum halten sie sich nicht Affen und Schoßhündchen?“
Natürlich wußte Erasmus von seinem langen Aufenthalt in Italien, daß dort die Frauen häufig mit vierzehn heirateten und mit fünfzehn ihr erstes Baby bekamen. Erasmus gab auch zu, daß diese Mütter selbst noch Kinder waren:
„Ja, sie sind es. Aber es kann nicht genug betont werden, wie unartig und ungebärdig besonders die Knaben durch jene weichliche und liederliche Erziehung werden, die man Nachsicht nennt. Sie ist in Wirklichkeit Verführung! Es ist geradezu Giftmischerei! Eine Art Kindesmord!“

Bildnis der Eleonore von Toledo mit ihrem Sohn. Gemälde von Angelo Bronzino, 1545 (Florenz, Uffizien)

Dieser Gefühlsausbruch legt den Verdacht nahe, daß hier ein Arschpauker spricht, der die Kinder am liebsten in eine Zwangsjacke gesteckt hätte. Weit gefehlt! Erasmus von Rotterdam wollte die Kinder seiner Zeit nur davor bewahren, daß ihr bildsamstes Lebensalter vertrödelt werde: „Für die Erziehung ist in der frühesten Kindheit ein einziges Jahr mehr wert als zehn, wenn der Geist mit anderen Aufgaben beschäftigt und in seiner Bildsamkeit bereits erstarrt ist.“ Ganz im Sinne der humanistischen Aufklärung formuliert er, daß „Menschen“ nicht geboren, sondern erzogen werden. Die Vernunft macht den Menschen. Gleich nach seiner Geburt beginnt für den kleinen Menschen der Lernprozeß; sobald er angefangen hat zu sprechen, ist er fähig, eine literarische Unterweisung zu verarbeiten.

Albrecht Dürer: Der schreibende Erasmus von Rotterdam, 1526 (Germanisches Nationalmuseum Nürnberg)

Züchtiger Sitten zierlichen wandels / vnd höfflicher Geberden der Jugent / In alle weg vnd nach Ordenung des gantzen leibs / Den Jungen / sich darin zuüben / Den Alten / jre Kind nach solichem ebenbild / inn zücht zů erziehen. Ein nützlich Büchlin H. Erasmi Rote. Nach der kürtze / so vil der gmeynen Jugent dienlich / new verteutscht.

Das ‚Zuchtbüchlein‘ des Erasmus von Rotterdam wurde vielfach wiederaufgelegt und in andere Sprachen übersetzt. Titelseite der ersten deutschen Ausgabe von 1531 (Landesbibliothek Wolfenbüttel)

Aber er muß nicht gleich Homer auswendig lernen. Lernen soll mehr Lust als Last sein. Der Kopf darf nicht mit vielerlei wirren Begriffen vollgestopft werden, sondern soll sich üben durch die Beschäftigung mit Themen, die ein Kind erfreuen. Man darf ruhig Lockmittel und Kunstgriffe anwenden, die dem Kind das Lernen zum Spiel machen. So merkt es die Anstrengung kaum. Nichts schlimmer, als wenn infolge allzu hoher Ansprüche des Erziehers oder weil er so langweilig ist, der Knabe die „Studien zu hassen beginnt, ehe er einsehen kann, warum sie so liebenswert sind."
Erasmus beruft sich darauf, daß ein deutsches Kind, bevor es noch die Schule besucht, spielend leicht französisch zu sprechen lernt, wenn die Umgebung entsprechend ist: „Wenn das nun der Fall ist bei einer barbarischen und regellosen Sprache, die anders geschrieben wird als sie klingt, und die ihre zischenden, kaum menschlichen Laute hat – wieviel leichter dürfte es da mit der lateinischen und griechischen Sprache gehen!"
Das alles ist insofern neu, als es „Erziehung" in eine Altersstufe vorverlegt, die den Denkern des Mittelalters eher gleichgültig war. Kinder, die gerade sprechen lernten, blieben entweder sich selbst überlassen oder in der Obhut der Mütter, Ammen und Dienstboten. Das konnten sehr glückliche Jahre sein, aber auch verschwendete – sowohl für die Kinder als auch für ihre Eltern:

„Wer weiß nicht, daß die erste Phase der Kindheit die freudigste und angenehmste ist? Was steckt in den Kindern, das uns dazu veranlaßt, sie zu küssen, zu umarmen, ihnen zu schmeicheln? Was nötigt die Hand der rohesten Feinde, sie aus jeder Not zu retten? Es ist nichts, als daß die Natur in ihrer Vorsicht sich Mühe gegeben hat, den Säuglingen die Gabe närrischer Schmeicheleien mitzugeben. Mit dieser angenehmen Art von Bezahlung erwidern sie die Mühe derer, die sich um sie kümmern, und betteln ihnen scherzhaft weitere Mühewaltungen ab." So äußert sich Erasmus mit wohlwollender Besorgnis in „Lob der Narrheit".

Es wirft ein Licht auf seine Beobachtungsgabe und erklärt, warum er diesem Lebensalter mehr zutraut, als nur das Bett zu nässen. Zum Beispiel: die Fabeln des Äsop zu verstehen. Kraft seiner weitverbreiteten Schriften war Erasmus in seiner Zeit so einflußreich, wie nach ihm höchstens noch Voltaire. Er war Berater und Vertrauter von Kaisern und Päpsten, Ministern und Kardinälen. Trotzdem hielt er es nicht für unter seiner Würde, ein Erziehungsbüchlein für Kinder zu schreiben. „De civilitate morum puerilium" ist ein Handbuch des Anstands. Es wendet sich an Kinder und Erwachsene mit dem Vorsatz, beiden die rechten Formen beizubringen für den Umgang miteinander. Diese Schrift bespricht in eleganter Kürze so ungefähr alle Situationen, in die ein Bürgerkind gerät. Sie steht am Beginn der praktischen Erziehungsliteratur. Sie wurde jahrhundertelang immer wieder neu aufgelegt und übersetzt. Wahrscheinlich, weil sie sich gut liest und ihre Ratschläge mit so viel Humor und gesundem Menschenverstand angereichert sind, daß die Wirkung zeitlos ist.

Der Mensch des 20. Jahrhunderts wird bei der Lektüre dieser Schrift überrascht sein über die Fülle der Verhaltensregeln, die ein Kind um das Jahr 1500 beachten mußte (vgl. S. 67 ff.). Natürlich, es war eine feingegliederte Ständegesellschaft, in die das Kind hineinwuchs. Jeder Stand, jedes Lebensalter hatten ihre Besonderheiten in Sprache, Tracht und Haltung. Was einem Bauern nachgesehen wurde, konnte sich ein Kind aus gutem Bürgerhaus nicht erlauben. Für einen Fürstensohn galten strengere Vorschriften als für das Kind eines Handwerksgesellen.
Wie den Kindern dabei zumute war, können wir nur ahnen. Wahrscheinlich waren aber genaue Vorschriften über die Richtung des Blickes beim Zuhören oder den Gebrauch des Messers bei den Mahlzeiten gar nicht unwillkommen in einer Epoche, die der Gestik und Mimik als Verständigungsmittel eine viel größere Bedeutung beimaß als die unsere das tut. Kinder waren offensichtlich zufrieden, daß die Grenzen des Erlaubten und Schicklichen deutlich markiert waren, bei Tisch und im Bett, beim Spiel, im

Gespräch mit Würdenträgern, in der Art zu stehen und sich zu kleiden. Ein gewisses Zeremoniell im Umgang mit Erwachsenen und Gleichaltrigen scheint den Kindern damals jedenfalls leichtgefallen zu sein – wahrscheinlich, weil sie es ringsumher vielfältig praktiziert sahen.
Wie wir wissen, sind lange vor Erasmus schon Regeln des guten Benehmens festgelegt worden. Sein Erziehungsbüchlein löst den guten Ton aus dem höfischen und ritterlichen Zusammenhang; als Adressaten seiner Ratschläge muß man sich die Bürgerkinder vorstellen. Ihnen werden gute Manieren nicht eingebleut, sondern nahegebracht als vernünftiges Mittel zu einem geregelten und angenehmen menschlichen Zusammenleben. Aus langer Erfahrung in den Hauptstädten der Renaissance entwickelt Erasmus für seine kindlichen und erwachsenen Leser gesamteuropäische Umgangsformen, aus denen jeder für sich und andere das Beste machen kann. Etwa so:
„In Italien stellen manche Leute einen Fuß auf den anderen und stehen fast wie Störche auf einem Bein. Ob das gerade für Kinder das Richtige ist, weiß ich nicht. Kniebeugen vollzieht man überall unterschiedlich. Da gibt es Leute, die beide Knie gleichmäßig beugen; die einen tun das mit aufrechtem Oberkörper, die anderen, indem sie ihn ein wenig krümmen. Wieder andere empfinden das als weibisch. Sie halten ihren Oberkörper aufrecht und beugen zuerst das rechte, dann das linke Knie. In England lobt man junge Leute, wenn sie es so machen. Die Franzosen biegen den Körper ein wenig und machen rechts eine leichte Kniebeuge. Solange die Unterschiede keinen Anstoß erregen, steht es einem frei, die einheimischen Gewohnheiten zu beachten, oder fremde zu übernehmen, wenn diese ansprechender sind."
Verglichen mit den gußeisernen Anstandsregeln des Mittelalters war Erasmus von großer Toleranz – ihm lag daran, die Urteilsfähigkeit der Kinder für Gelegenheiten zu schärfen, die keiner voraussehen kann. Als erfahrener Psychologe wußte er jedoch, daß es in der Erziehung ohne Strafen nicht abgeht. Der Mann, der seine Kinder nicht diszipliniert, der liebt sie nicht. Diese biblische Regel ist natürlich kein Freibrief für Sadismus. In einer Zeit, die an allen Ecken und Enden die grausamsten Körperstrafen anwendet, rät der Humanist dem Erzieher: tadele mit Maßen, strafe ohne Aufwallung und Ärger. Strafen sollen im richtigen Verhältnis zum Vergehen stehen. Das wollte Erasmus auch den Lehrern seiner Zeit ins Klassenbuch schreiben: „Allzuviele glauben, es genüge, die Rute schwingen zu können. Die Privatlehrer sind leider nur allzu häufig dieser Ansicht. Deswegen bin ich für öffentliche Schulen."

Von den Lehrern an öffentlichen Schulen entwirft Erasmus allerdings auch kein schmeichelhaftes Bild. Offenbar waren die meisten Lehrer ihrer Aufgabe nicht gewachsen: „Hunger und Durst martert sie. Schmutzig und verstaubt sitzen sie in ihren Schulen, und das sind Jammerlöcher, richtige Zuchthäuser! Bei den Folterbänken, unter einer Meute von Buben werden sie bei der Arbeit eselsgrau, durch Geschrei betäubt, durch Hitze und Gestank ausgedörrt. Und doch glauben sie, an der Spitze der Menschheit zu marschieren. Sie genießen es mit Herzenslust, wenn sie mit Tyrannengesicht und Donnerstimme dem bebenden Häuflein einen Schrecken einjagen können. Mit Stöcken und Ruten dreschen sie auf die armen Jungen ein ..."
Seit der Spätantike scheint sich nichts geändert zu haben. Ob in Florenz oder Paris, in London oder Köln – der Stock spielt eine bedeutende Rolle. Den Wandel müssen wir wohl in dem festen Vorsatz der Humanisten sehen, diesen Zustand zu ändern und durch Unterricht in den „modernen" Wissenschaften – nämlich in der Kenntnis der Klassiker – die Neugier und den Bildungsdrang der Kinder zu beleben. Zunächst fehlte es an ausgebildeten Lehrern. Der Unterricht in den kirchlichen Schulen des Mittelalters war um 1450 in Verfall geraten, in vielen Städten gab es nur noch unregelmäßige, schlecht besuchte Stunden; die Bürger beschwerten sich bei den geistlichen Behörden darüber, daß ihre Kinder zu Gassenjungen würden, und griffen schließlich zur

Teütsche Kinder Tafel.

Anfang des Christenlichen Glaubens vnd Teütscher sprach/wie sie die jungen kinder in den teütschen schůlen lernen sollen.

L·C·V·C·

1534.

Titelseite eines 1534 in Deutschland gedruckten Lesebuches für die ‚jungen Kinder in den teutschen Schulen' (Landesbibliothek Wolfenbüttel)

Blick in eine städtische Lateinschule um 1500. Der Lehrer und sein Gehilfe regieren mit der Rute, die Kinder lernen ihre Lektion und werden einzeln vom Lehrer verhört.

Selbsthilfe. In Frankreich entstanden so eine ganze Reihe Gemeindeschulen, für deren Verwaltung und Lehrpersonal der städtische Rat sorgte.

Der Buchdruck schaffte die Möglichkeit, den Stoff, der zu lesen und zu lehren war, zu vervielfältigen. Mit dem Beginn der lutherischen Reformbewegung wuchs das Interesse an Bibeln, theologischen Schriften, illustrierten Streitgesprächen, Flugblättern und Sprachlehren sprunghaft. Die sächsischen Fürsten wandelten alte Klosterschulen in Ausbildungsstätten für künftige Verwaltungsbeamte, Pfarrer und Professoren um. Selbst in ländlichen Gemeinden lernten die Kinder lesen, in den Städten lernten sie Latein, Griechisch, Hebräisch, Mathematik. Allmählich hob sich das Niveau des Unterrichts. Dennoch brauchte ein fahrender Schüler wie der Schweizer Thomas Plattner zehn Jahre, ehe er während des hungrigen Umherziehens von einer Schule zur anderen richtig lesen und schreiben gelernt hatte. Seine Autobiographie spricht mehr vom Betteln als vom Latein, mehr vom Stehlen als vom Griechisch-Unterricht.

Überhaupt war es kein Luxusleben, das der durchschnittliche Schüler führte. Der Pädagoge Mosella-

Junge Mädchen lernen unter Aufsicht ihrer Mütter sticken und Tapisserietechniken. Detail des Alterbildes der Jungfrau und des Hl. Georg in Barcelona, 15. Jh.

nus behandelt in einem lateinischen Gesprächsbüchlein alltägliche Gegenstände zum Nutzen der Zöglinge einer Schule in Leipzig. Dabei sieht man, daß diese Knaben am unteren Rande des Existenzminimums vegetieren:

Anselm: Gleich nach der Messe renne ich so schnell wie möglich zu den Türen der reichen Bürger.
Martin: Du wirst Mühe haben, mich zu überholen.
Anselm: Vielleicht bekomme ich nicht als erster, dann aber als zweiter oder dritter mein Stück Brot.
Martin: Morgen ist ja St. Martin.
Anselm: Da machen wir Schüler reiche Ernte. Man gibt uns nicht nur zu essen. Da ist es üblich, daß die Armen von Tür zu Tür etwas Geld bekommen.
Martin: Ich hoffe, ich kann soviel zusammenkratzen, daß ich den Winter überstehe, ohne allzuviel zu leiden.
Anselm: Vorher gehen wir aufs Land. Eier betteln.
Martin: Gibt es eigentlich etwas Erniedrigenderes, als um die Bauernhöfe herumzustreichen, nur um neun oder zehn Eier zu ergattern?
Anselm: Ja, wie soll ich sonst meinen Hunger stillen?
Martin: Hier in der Stadt kannst du doch in viel kürzerer Zeit etwas erbetteln.

Das Zeitalter des Humanismus sah in der Erziehung des Sohnes durch den Vater den Idealfall. Die Mädchen blieben den Müttern und Dienstboten überlassen. Gelehrte zitieren gern Beispiele besonders gebildeter Frauen aus der klassischen Literatur; Erasmus weist den Frauen eine besondere Rolle für die korrekte Aussprache der Kinder zu, aber wenn von Bildung die Rede ist, so handelt es sich um Damen aus dem aristokratischen Milieu; für Töchter bürgerlicher Familien ist etwas anderes vorgesehen: Sie sollen einen guten Haushalt führen können. Darauf bereiten solche Verrichtungen vor wie Brot backen, Geflügel waschen, Mehl sieben, kochen, waschen, Betten machen und Strümpfe stopfen; während ihre Brüder lateinische Vokabeln pauken, sollen sie spinnen, französische Beutel weben und mit Seide besticken, sowie leinene oder wollene Kleider zuschneiden.

Selbst wo Väter auf reichlich vorhandene Dienstmägde hinweisen können, wird rege Beschäftigung für junge Mädchen – um sie nicht müßig gehen zu lassen – angelegentlich empfohlen: „Laßt sie die Geschwister besorgen und Windeln waschen. Dann lehnen sie nicht aus dem Fenster und werden nicht flatterhaft. Die Mädchen sollen sicherlich gut gekleidet sein. Aber was das Essen anbetrifft, so ist alles gerade recht, was sie eben am Leben erhält. Mädchen sollen ja nicht fett werden."
Betrachtet man die Bilder jener Zeit, so fällt auf, wie ätherisch Mädchen meist aussehen. Die Erklärung wird wohl nicht nur im Stilgefühl der Epoche, sondern auch in der reduzierten Diät für weiblichen Nachwuchs zu suchen sein.
Wenn Anstand und Verhalten der Kinder in so großer Gründlichkeit abgehandelt werden, wie hält man es mit der Sexualität? Nun, man verbirgt da wenig und leugnet nichts. Die Offenheit, mit der Erasmus die natürlichen Vorgänge des menschlichen Daseins in Büchern für Kinder bespricht, hat spätere Generationen schockiert. Sie empfanden es mehr und mehr als peinlich, auch nur von Blähungen oder Erbrechen zu lesen. Die Schamgrenze wurde von Jahrhundert zu Jahrhundert enger gezogen. Es wäre im 19. Jahrhundert unmöglich gewesen, ohne Umschweife über kindliche Masturbation, Erektion und Pollution zu reden, wie das der französische Theologe Gerson im 15. Jahrhundert tat. Das Zeitalter der Renaissance hielt diese Praktiken für so selbstverständlich, daß es sie nicht übermäßig interessant fand und ohne Scheu behandelte.
Von Erasmus ist uns ein Dialog überliefert, der dem achtjährigen Sohn seines Baseler Verlegers gewidmet ist. Das Gespräch findet in einem Bordell statt zwischen der Prostituierten Lukrezia und einem offenbar noch sehr jungen Mann namens Sophronius. Er hat Lukrezia bereits mehrere Male besucht. Sie hat auf ihn einen mehr als nur flüchtigen Eindruck gemacht. Vielleicht ist sie sein erstes Erlebnis. Jedenfalls möchte er sie „retten" vor einem Gewerbe, das er mit überraschender Sachkenntnis in allen Einzelheiten am Rande ihres Bettes analy-

Gérard David, Altar des Jean des Trompes, rechter Flügel. Bildnisse der Töchter der Stifterin. 1503–1508 (Brügge, Musée Communal)

Die Tochter wird von ihren Eltern in ein Kloster geführt. Holzschnitt aus: Geiler von Kaisersperg, Brösamlein. Straßburg, Grüninger 1517.

siert. Lukrezia räumt ein, kein gottgefälliges Handwerk zu betreiben. Leider hat sie aber nichts anderes gelernt. Und von irgend etwas muß sie ja leben! Nach einiger Zeit wirken die Argumente des Besuchers. Lukrezia läßt sich überreden, das Bordell mit dem Unterschlupf bei einer anständigen Frau zu vertauschen – wofür der Jüngling aufkommt.
Wie die Sache ausgeht, verrät der Dialog wohlweislich nicht. Erasmus wird gewußt haben, daß solche Bekehrungen meist nicht lange vorhalten.
Spätere Generationen haben diesen Lehrdialog immer wieder nachgedruckt, übersetzt und im Unterricht verwendet – allerdings unter wachsendem Widerstand der Pädagogen, die ihn schließlich im 19. Jahrhundert, als „die gemeinste Darstellung der Wollust" in Grund und Boden verdammten.
Würden wir heute eine so realistische Schilderung in ein Lesebuch für Achtjährige aufnehmen? Und wenn nicht, warum tat man es damals? Vielleicht ist folgendes der Grund: Vor fünfhundert Jahren glaubten die Kinder sicher nicht an das Märchen vom Storch. Sie lebten in zu enger Nähe mit Erwachsenen, im gleichen Zimmer, im gleichen Bett, ohne getrennte Kinderstube, als daß sie nicht alles gewußt hätten. Es bedurfte keiner sexuellen „Aufklärung". Aufklärung in diesem letzteren Sinne gibt es erst, seitdem die Distanz zwischen der Erwachsenen-Gesellschaft und den Kindern größer geworden ist. Damals gehörte das Bordell so zum täglichen Leben, wie die Prostituierten zu einer Art Handwerkerzunft gehörten. Kaiser Sigismund bedankte sich 1434 beim Magistrat von Bern schriftlich dafür, daß ihm und seinem Gefolge, anläßlich eines Staatsbesuchs, das Bordell so großzügig zur Verfügung gestellt worden sei. Also: Es geschah nichts hinter den Kulissen. Und dann: Wir verfassen seit dem 18. Jahrhundert unsere Erziehungsbücher mehr und mehr zu dem Zweck, Kinder zu lehren, wie man Kind sein soll. Zu Erasmus' Zeiten aber mußten sie lernen, wie sich Erwachsene verhalten. Kinder sollten sich eines Tages in allen Lebenslagen richtig zu benehmen wissen. Und das zu vermitteln war auch die Aufgabe eines Erziehungsbuches.
Dem Humanisten durfte das Menschliche nicht fremd sein. Erasmus behandelte es mit Grazie, erfahren und ohne dürr gestreckten Zeigefinger. Für das Verständnis des Kindes war ein glücklicher historischer Moment gekommen. Die Hierarchie der mittelalterlichen Gesellschaft hatte sich gelockert, die der neuzeitlichen Gesellschaft noch nicht stabilisiert. Man hatte die Abwendung von der Welt, die Diesseits-Verneinung des Mittelalters hinter sich. Die Diesseits-Verstümmelung durch Religionskriege und Puritanismus war noch nicht in Sicht. In solchen Zeiten werden Verhaltens- und Anstandsregeln wichtig als ein Mittel, Kinder für den sozialen Aufstieg vorzubereiten. Von den besten Geistern der Zeit wurde das Verhalten der Heranwachsenden nicht als Anspruch, sondern als Rücksichtsnahme begriffen. Das war eine zivilisatorische Entscheidung ersten Ranges. Die Renaissance legt durch die Ziele ihrer Kindererziehung die Grundlagen zu einer verfeinerten Zivilisation.
Erasmus jedenfalls sah das als Erfüllung seiner Wünsche: „Welch eine Epoche sehe ich vor uns aufgehen!" schrieb er an einen Freund. „Wie wünschte ich, jünger zu werden!"

Erasmus:
Über drastische Ausdrücke und Körpergeräusche

Schmutzige Redensarten nimmt ein anständiger junger Mensch nicht in den Mund und hört nicht darauf.
Wenn es unschicklich ist, sich öffentlich zu entblößen, so ist es auch unziemlich, darüber Reden zu führen. Kann man es einmal nicht vermeiden, ein Geschlechtsorgan zu nennen, sollte man es mit einer gefälligen Umschreibung tun.
Muß ein Wort fallen, daß den Zuhörer schockieren könnte, wie zum Beispiel *Erbrechen, Abtritt* oder *Kot*, schickt man tunlichst ein „Verzeihung" voraus.
Muß man in Gegenwart anderer niesen, soll man sich aus Höflichkeit abwenden. Wenn der Reiz nachläßt, macht man ein Kreuzeszeichen auf den Mund und lüftet seine Kopfbedeckung zum Dank für diejenigen, die Gesundheit gewünscht haben oder es hätten tun sollen.
Das Niesen beeinträchtigt genau wie das Gähnen vorübergehend das Gehör. Man bittet daher um Verzeihung beziehungsweise bedankt sich.
Absichtlich laut zu niesen oder mit Fleiß noch einmal zu niesen, um deutlich seine Kraft zu demonstrieren, das ist eine Sache für Possenreißer.
Das Geräusch, das die Natur hervorruft, zu unterdrücken, ist töricht. Das tun läppische Zeitgenossen, die die Höflichkeit auf Kosten der Gesundheit übertreiben. Manche Leute zwingen Kinder, ihre Blähungen mit zusammengepreßten Schenkeln zurückzuhalten. Es ist aber nicht angebracht, aus falscher Höflichkeit eine Krankheit zu riskieren. Kann man sich nicht entfernen, soll man die Sache unauffällig erledigen. Geht das nicht, soll man gemäß dem uralten Sprichwort handeln und sich stellen, als müsse man husten.

Erasmus:
Über Haltung und Gesichtsausdruck

Beim Sprechen hält man die Mütze in der Linken, die Rechte befindet sich dabei in Nabelhöhe vor dem Leib. Noch besser sieht es aus, wenn man die Mütze mit beiden Händen ein wenig hochhält, die Daumen nach oben, und zwar so, daß sie sich vor dem Unterleib befindet. Ein Buch oder eine Mütze beim Reden unter die Achsel zu klemmen, wirkt bäurisch. Anstand muß anmutig wirken und nicht als die Folge von Einschüchterung. Man blickt seinen Gesprächspartner ruhig und ungezwungen an, aber nicht dreist und aufdringlich. Wer die Augen niederschlägt wie die äthiopischen Stiere, erweckt den Eindruck eines schlechten Gewissens. Wer seitwärts blickt, tut so, als schäme er sich. Leute mit schweifendem Blick bringen sich in den Verdacht der Haltlosigkeit. Es sieht nicht gut aus, wenn man dauernd Grimassen schneidet, die Nase rümpft, die Stirn runzelt, die Augenbrauen kräuselt, die Mundwinkel herabzieht, bald das Maul aufsperrt, bald die Lippen aufeinanderpreßt. Es ist auch ungehörig, dauernd die Mähne nach hinten zu werfen, ohne Grund zu hüsteln, sich laut zu räuspern, den Kopf zu kratzen, die Fingerringe aneinander zu schaben und im Gesicht herumzukneten. Das sieht aus, als ob man unter schweren Hemmungen litte. Ebenfalls fährt man sich nicht dauernd über den Hinterkopf oder zieht die Schultern hoch, wie es manche Italiener machen. Durch Kopfschütteln abzulehnen oder mit dem Kopf herbeizuwinken und mit Gebärden und Nicken zu reden – das mag Männern anstehen, für junge Menschen gehört es sich nicht.

Erasmus:
Wie man sich schneuzt

Die Nase darf nicht triefen. Darin äußert sich ein schmuddeliges Wesen. Es ist Bauernart, sich mit der Mütze oder dem Rock zu schneuzen. Mit dem Arm oder dem Ellenbogen machen es die Fischhändler. Mit der Hand ist es auch nicht vornehmer, wenn man sie hinterher am Rock abwischt. Der Vornehme gebraucht ein Taschentuch und wendet sich dabei etwas ab, wenn er in guter Gesellschaft ist. Das geschieht aus Achtung für die Umgebung. Wenn beim Schneuzen der Nase mit zwei Fingern etwas auf den Boden gefallen ist, verwischt man es mit dem Fuß. Man soll kein Geräusch beim Naseschnauben machen. Das ist ein Zeichen mangelnder Selbstkontrolle. Noch übler ist die Gewohnheit, drauflos zuröhren wie in einem Wutanfall. Bei Asthmatikern allerdings, die Atemnot haben, muß man nachsichtig sein.

Erasmus:
Vertraute Gespräche (Colloquia Familiaria)

Lukrezia: Nun, mein Süßer, läßt du dich auch mal wieder blicken? Ich habe dich ja ewig nicht mehr gesehen.
Sophronius: Ich möchte gern etwas ganz im Vertrauen mit dir besprechen.
Lukrezia: So, so, sind wir denn nicht allein, mein Wonnehänschen?
Sophronius: Laß uns lieber irgendwohin gehen, wo wir noch ungestörter sind.
Lukrezia: Schön, gehen wir in meine Schlafkammer, wenn du magst.
Sophronius: Auch dort ist es mir noch nicht einsam genug.
Lukrezia: Woher auf einmal diese Zurückhaltung? Hier ist mein geheimstes Kämmerchen, wo ich meinen Schmuck verstecke. Es ist hier so dunkel, daß wir einander kaum sehen können.
Sophronius: Sieh doch mal nach, ob es keine Ritzen gibt.
Lukrezia: Aber, nein doch, keine einzige!
Sophronius: Ist niemand in der Nähe, der uns hören kann?
Lukrezia: Keine Fliege, mein Sonnenschein! – Aber worauf wartest du eigentlich noch?
Sophronius: Können wir uns hier auch vor dem Auge Gottes verbergen?
Lukrezia: Das ist unmöglich, denn sein Auge durchdringt alles.
Sophronius: Wie kommt es denn, daß die Leute sich nicht schämen, vor dem Auge Gottes und in Gegenwart der heiligen Engel etwas zu tun, dessen sie sich in Gegenwart anderer Menschen schämen würden?
Lukrezia: Was soll denn das auf einmal heißen? Unsereins muß auch von etwas leben. Jeden ernährt seine Kunst, und dies ist nun einmal mein Handwerk und mein Einkommen.
Sophronius: Sieh dir die Dinge mal ernsthaft an, so wie sie in Wirklichkeit liegen. Wenn eine wie du viele Freunde hat, dann hat sie gar keine, das kannst du mir glauben, Lukrezia! Wer zu dir kommt, behandelt dich nicht als Freundin, sondern als Nachttopf. Du machst aus dir ein öffentliches Haus, das jeder Luderjan und Hurenbock betreten kann, um den Dreck an dir abzuwischen. Wenn du bisher nicht vom Aussatz, besser gesagt, von der Lustseuche, angesteckt bist, kannst du von Glück sagen; du wirst dem aber nicht mehr lange entgehen. Was bist du dann anderes als ein lebender Leichnam? Es war dir zu lästig, dich nach deiner Mutter richten zu müssen, und jetzt bist du die Dienstmagd einer ekelhaften Kupplerin. Auf die Ermahnungen deines Vaters wolltest du nicht hören, jetzt aber mußt du dich von jedem Trunkenbold und Hurenhengst schlagen lassen. Zu Hause warst du zu bequem, etwas anzufangen, womit du dich hättest ernähren können, und jetzt mußt du Nacht für Nacht Radau und Ruhestörung ertragen ...

Licht oder Finsternis

Das Zeitalter des Puritanismus

Versinnbildlichung der Unfälle eines Kindes: Sturz aus dem Fenster, Fallen in den Brunnen und Getötetwerden durch kriegerische Ereignisse. Holzschnitt vom Meister des Trostspiegels, 2. Hälfte 16. Jh. Aus: Newe künstliche Figuren. Frankfurt, Steinmeyer 1620.

Illustration aus der ‚Schule des Herzens oder Zurückführung und Belehrung des von Gott abgewandten Herzens', 1635. Das eitle Herz des Kindes – vom Teufel angefacht – sinnt auf Nichtigkeiten. Es ist den Dingen dieser Welt zugewandt. Das fromme Kind ist reinen Herzens und gleicht den Engeln.

Der englische Puritaner John Norris verfaßte 1694 eine Schrift mit dem Titel „Geistlicher Ratgeber". Darin wandte er sich an seine kleinen Kinder mit den Worten:
„Bedenke ohne Unterlaß die vier letzten Dinge: Himmel, Hölle, Tod und Jüngstes Gericht. Stelle Dir häufig vor, Du lägest auf Deinem Totenbett, in Deinem Sarg, im Grabe. Erlebe immer wieder in Gedanken die Feier Deines eigenen Begräbnisses. Richte Deine lebendigste Einbildungskraft auf alle möglichen Szenen der Sterblichkeit. Denke viel nach über die Orte und die Tage der Finsternis und darüber, wie wenige es sind, die gerettet werden. Halte immer das Stundenglas in Deinen Händen. Miß,

Bilderfolge aus der Serie von Jacques Callot ‚Les Misères de la Guerre', 1633 (30jähriger Krieg): Bettler im Anmarsch auf die Städte; im Zeltlager werden die Gefangenen an Bäumen erhängt und vom Priester auf der Leiter gesegnet (Landesbibliothek Wolfenbüttel)

wie gering die Spanne Deines Lebens ist, verglichen mit dem endlosen Kreis der Ewigkeit."

Das klingt nicht besonders aufmunternd und widerstrebt dem Gefühl des 20. Jahrhunderts: Wir versuchen den Gedanken an den Tod aus unserem Leben zu verdrängen und halten ihn von unseren kleinen Kindern möglichst fern.

Das Zeitalter der europäischen Glaubenskämpfe zwischen Katholiken, Lutheranern, Calvinisten und Sektierern – dieses Zeitalter der 30jährigen Kriege dachte da anders. Es schonte seine Kinder nicht. Von frühauf wurden sie mit dem Ende des Lebens und dem Danach konfrontiert. Vielleicht nicht immer so kraß, wie in der eben zitierten Anweisung, aber doch unüberhörbar. Tod und Sterben waren allgegenwärtig – wie heute nur in den Krimiserien des Fernsehens.

Pest und Cholera, Krieg und Mißernte hatten in Frankreich und Deutschland im 17. Jahrhundert ganze Provinzen verödet. Landstreicher starben am Wegrand, tote Säuglinge lagen auf den Straßen. Verbrecher, Ketzer und Hexen wurden öffentlich hingerichtet. Kinder wurden zu solchen Volksvergnügen wie selbstverständlich mitgenommen. Mindestens wohnten sie den populären Hahnenkämpfen oder Schaukämpfen bei, in denen Bären und Hunde einander zerrissen.

Gestorben wurde nicht in einem abgelegenen sterilen Hospital, sondern zu Hause. In engen Gemächern. In unmittelbarer Sicht- und Rufnähe der ganzen Familie. Der Tod war nicht, wie bei uns, etwas, das sich in der Intensivstation abspielt und wohlmöglich auch aufschieben läßt. Es war Gottes Ratschluß und ganz natürlich. So natürlich wie die Zeugung. Eher war die Geburt ein Wunder, nämlich wenn Mutter und Kind lebten und gesund waren. Und das war nicht die Regel.

In der ersten Hälfte des 17. Jahrhunderts starben von 1.000 Londoner Kindern ungefähr 150 bei der Geburt – und viele vorher. Die Lebenserwartung des Kindes war so niedrig wie heute in den entlegenen Dörfern Afrikas. Nur die Hälfte der Kinder überlebte das zweite Lebensjahr. Die öffentliche Hygiene in den großen Städten stand erst am Anfang, die Kunst der Mediziner ebenfalls. Die Londoner Hebamme Elizabeth Cellier schrieb 1687:

„In den letzten 20 Jahren sind hier mehr als 6.000 Frauen im Kindbett gestorben. Über 13.000 Kinder starben bei der Geburt und etwa 5.000 wurden im ersten Monat nach der Geburt wieder begraben. Zwei Drittel von diesen allen, also ungefähr 16.000 Seelen, kamen aller Wahrscheinlichkeit nach um, weil es den Frauen, die als Geburtshelferinnen fungieren, an Kenntnissen und Sorgfalt gebricht."

Das Elend der verarmten Bauernfamilien, die zum Betteln in die Städte zogen. Trotzdem gibt es kaum Geburtenkontrolle, die Mutter ist schon wieder schwanger. Aus der Holzschnittfolge des sog. Trostspiegelmeisters, 2. Hälfte 16. Jh. (Landesbibliothek Wolfenbüttel)

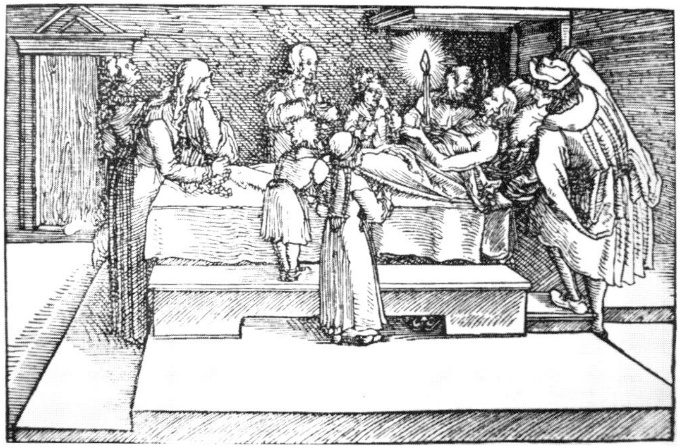

Sterbeszene aus dem sog. Petrarcameister. Die ganze Familie ist um das Bett des sterbenden Vaters versammelt, die Mutter betet den Rosenkranz. Aus: Petrarca, Von der Artzney bayder Glück, Augsburg 1532 (Landesbibliothek Wolfenbüttel)

Sterbeszene aus dem sog. Trostspiegelmeister, 2. Hälfte 16. Jh.: Gevatter Tod weist dem Sterbenden den Weg nach draußen, ins Schlachtgetümmel (Landesbibliothek Wolfenbüttel)

Titelvignette aus dem Hebammenbuch von Jacob Rueff, 1653. Die Mutter liegt im Alkoven, der Säugling wird gebadet, im Hintergrund ein Trinkgelage. (Landesbibliothek Wolfenbüttel)

Illustrationen aus dem Hebammenbuch, ,daraus man alle Heimlichkeit des weiblichen Geschlechts erlehrnen, welcherley Gestalt der Mensch im Mutter Leib empfangen zunimmt und geboren wird auch wie man allerley Krankheit die sich leichthin mit den Kindbetterin zutragen mit köstlicher Artzney vorkommen und helfen könne. Von Jacob Rueff, Frankfurt MDC (Landesbibliothek Wolfenbüttel)

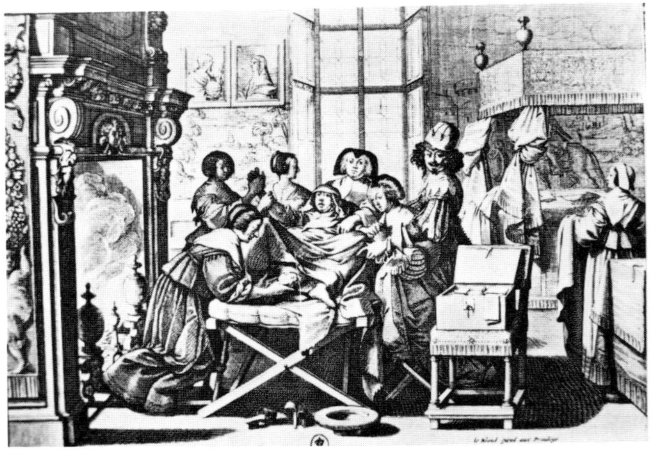

Geburtsszene, dargestellt von Abraham de Bosse (1602–1676). Der Vater deutet auf seinen Sprößling und freut sich über das Ende der Geburtsschmerzen seiner Frau. Die Hebamme hat den Kasten mit Wickelbändern bereitgestellt; in der Eile der einsetzenden Wehen ist ein Pantoffel umgekippt vor dem Faltbett liegengeblieben (Cabinet des Estampes de la Bibliothèque National de Paris)

Für die Ärzte des 17. Jahrhunderts gab es wenig Zweifel daran, daß die Milch der eigenen Mutter für das Kind das Beste sei. Aber in den bürgerlichen Verhältnissen der Städte Nordeuropas und Nordamerikas war es fast immer die Amme, die stillte – eine Frau aus einfachen Verhältnissen, die das Baby häufig mit aufs Land nahm. Eine peinlich auf Standesunterschiede achtende Zeit überließ also, genau wie in den italienischen Städten der Renaissance, den Säugling einer Frau niederen Standes mit ehelichen oder unehelichen Kindern als Ziehgeschwistern. Daß man dennoch Standesunterschiede auch in dieser Sphäre beachtete, zeigt eine südfranzösische Tradition. Dort nährten die Mütter der höheren Schichten den Erstgeborenen selbst. Die folgenden Kinder wurden außer Haus gegeben. Es gab bereits Autoren, die der Mutter darüber Vorwürfe machten und sich die Ansprache eines von der Amme heimgebrachten Kindes an seine Mutter ausdachten:
,,Du trugst mich nur neun Monate lang in Deinem Leib. Aber meine Amme nährte mich zwei Jahre lang mit ihren Brüsten. Was ich von Dir habe, ist mein

Amme mit Säugling. Kupfer von J.E. Sartorino, 17. Jh. (Nürnberg, Germanisches Museum)

Bey Einem Ers. Hochw. Raht ist gantz mißfällig vorkommen / daß unerachtet verschiedener publicierter Edicten vnnd der jahrlicher Morgensprach / Krafft welcher keine Schwein im bezirck der alter Statt auff straff von zehen Goltgülden vnd Abholung derselben vor die arme Weisen vnnd Fundelings Kinder zu meisten nachtreiben / dannoch mit Verunreinigung der Lufft vnd zum beschwer so wol der benachbarter als Passanten damit verfahren werde: Als ist zum vberfluß diesen öffentlichen Anschlag zu thuen befohlen / daß so wol Becker als Brewer vnd durchgehedt alle andere nochmahlen aller dergleichen Mastung so wol in eigenen als gemiedeten Häuseren / welche in gangbahren strassen vnd mit ordinari Wohnungen vnd besetzten nachbarschafften gelegen / sich gäntzlich zu enthalten haben / oder gewertig seyn sollen / daß vermög gemelt: Edicten vnd der Morgensprach mit darbey gesetzter straff vnd Abholung der Schwein durch die Herrn Gewaltrichter verfahren werden solle / darnach sich ein jeder zu richten wissen wird. Ita conclusum 1. Augusti 1664.

In Köln war es üblich, die zahlreichen Schweine in den Straßen der Stadt von ,armen Weisen und Fundelings Kinder zumeisten nachtreiben' zu lassen. Bei Strafe von zehn Goldgulden und Abholung durch die Gewaltrichter war die Haltung und Mästung von Schweinen wiederholt verboten worden. Kölner Ratsedikt vom 1. August 1664 (Historisches Archiv der Stadt Köln)

Körper. Du verliehest ihn mir aber nicht gerade in Ehren. Was ich hingegen von *ihr* habe, kam aus ihrer Zuneigung. Kaum war ich geboren, beraubtest Du mich Deiner Nähe und verbanntest mich von Dir. *Sie* aber empfing mich zärtlich in ihren Armen und hielt mich so gut, daß sie mich in den Zustand gebracht hat, den du jetzt siehst."

Solche Mahnungen fruchteten erst im 18. Jahrhundert. Im Frankreich Richelieus und Ludwig des XIV. – und dieses Frankreich war Europas Vorbild – galt die Amme noch als unentbehrlich. Es gab die Einrichtung des Ammenvermittlers, der im weiten Umkreis um die Städte Frauen mit prallen Brüsten nachwies und gegen Gebühr die Säuglinge hinbrachte. Man liest es in der Roman- und Dramenliteratur des 17. Jahrhunderts, was die Amme bedeutet: Sie ist es, welche Kinder aufzieht, die Tochter verschwinden läßt oder umbringt, die Erben vertauscht oder ein Leben lang als Dienerin verhätschelt. Die Amme des französischen Königs Ludwig XIII. war sogar in seiner Hochzeitsnacht zugegen.

Allerdings unterschlagen uns die Dramatiker noch eine andere und dunklere Seite des Ammenwesens. Wenn wir aus Berichten des 18. und 19. Jahrhunderts auf frühere Epochen rückschließen dürfen, dann war die Sterblichkeit der aufs Land gegebenen Babies doppelt so hoch, wie die der daheimgebliebenen. Die Ammen nahmen oft aus Not oder Geldgier zwei oder drei Säuglinge gleichzeitig ins Haus. Dazu kam dann das eigene Kind. Natürlich war nicht genug Milch da für alle. So fütterten sie die Babies mit Wasserbrei. Die hygienischen Umstände, unter denen das geschah, waren teilweise katastrophal. Das Stroh, auf dem die Kinder lagen, war faulig und wurde nie gewechselt. Die Kinder starrten vor Schmutz und Ungeziefer. Sie hatten Würmer und alle Arten von Infektionskrankheiten. In Abwesenheit der arbeitenden Nährmutter erlitten sie Verletzungen und Brandwunden, die ohne ärztliche Versorgung heilten – oder auch nicht.

Als Folge der hohen Kindersterblichkeit und frühen Trennung von Mutter und Kind beobachten wir im Zeitalter des Puritanismus zwischen Eltern und Kindern eine Distanz, die sich eigentlich nur als Selbstschutz erklärt. Einer Mutter von fünf Kindern konnte tröstend gesagt werden: „Ehe sie soweit sind, daß sie Dir viel Sorgen machen, wirst Du die Hälfte oder vielleicht alle verloren haben." Die Mutter wird also ihr Herz nicht an Säuglinge hängen, die ihr mit großer Wahrscheinlichkeit durch Krankheit oder Unfall entrissen werden. Von Vätern wurde Zärtlichkeit für Kleinkinder gar nicht erwartet.

Der französische Schriftsteller des 16. Jahrhunderts mit der genauesten Beobachtungsgabe, Michel Montaigne, drückt im eigenen Erlebnis die Haltung der Zeit aus: „Ich habe zwei oder drei Kinder bei Ammen verloren – nicht ohne Bedauern, aber ohne Kummer." Die Zahl der gestorbenen Kinder weiß er nicht genau. Nur sein eigenes Bedauern erinnert er. Leid empfand er nicht.

Der Vater hatte Montaigne als kleines Kind immer durch Musik wecken lassen, um dem zarten Gehirn nicht durch plötzliches Erschrecken zu schaden. Der Sohn aber bekannte:

„Ich habe kein Verständnis für die Leidenschaft, mit der man die Kinder herzt, kaum daß sie geboren sind, das heißt, ehe sie auch nur die geringste Seelenregung kennen oder körperlich Gestalt angenommen haben, wodurch sie sich erst beliebt machen könnten. Ich habe es nicht gern gesehen, wenn sie in meiner Nähe gestillt wurden. Ich will nichts davon wissen, daß man die Kinder wie kleine Äffchen zum Zeitvertreib liebt, sich an ihrem Getrappel, ihren kindlichen Spielen und Albernheiten ergötzt."

Das Zeitalter konnte zwischen gravitätisch und grotesk schwanken. In der Aristokratie galt es als ganz unschicklich, seinen Gefühlen freien Lauf zu lassen. Die unteren Schichten waren keiner standesgemäßen Selbstkontrolle unterworfen. Sie konnten so zärtlich wie grausam gegenüber Kindern sein. So war in Notzeiten die Aussetzung noch üblich. Oder die Nachkommenschaft wurde an Bettler verkauft, die dem Kinde die Gliedmaßen brachen, um dadurch Mitleid zu erregen.

Wandlungen dieser Einstellung zum Kind können wir in den untersten Schichten nicht feststellen. In der

Dirk Nouts (?), Familienportrait, 1699. Die Attribute der Erziehung werden hervorgehoben: der Knabe hält ein Buch; die Hand des Vaters weist auf seinen Nachfolger im Geschäft, während er Eintragungen ins Rechenbuch macht; eine Tochter spielt mit einer gleichgekleideten Puppe (National Gallery, London)

Portrait einer Familie bei Tisch. Von Abraham de Bosse (Cabinet des Estampes de la Bibliothèque National de Paris)

Aristokratie wurden vielfach ältere Formen der Eltern-Kind-Beziehung bewahrt. Neue Formen bahnen sich im Bürgertum an. Der Begriff der Familie erhält einen anderen Inhalt. Am besten läßt sich das an Beispielen aus der französischen Erziehungsgeschichte nachweisen:

Die Aristokratie ist auch dort durch die Vorstellung des Sippenverbandes geprägt. Eine weit verzweigte Verwandtschaft hält zusammen, um Land, Burg, politischen Einfluß und Bedeutung des Namens für die Nachkommenschaft garantieren zu können. Der Stadtbürger ist dagegen in Erwerb und Eigentum auf sich selbst und auf seine Hausgenossen angewiesen. Als Handwerker und Kaufmann muß er darauf achten, daß seine Kinder eine Ausbildung erhalten, die ihnen den gesellschaftlichen Status sichert oder sogar den Aufstieg in die privilegierten Schichten ermöglicht. Erziehung und Ausbildung des Kindes für den Lebenskampf werden zum zentralen Interesse der Familie.

Diese Familie muß man sich klein vorstellen: Vater, Mutter, häufig Stiefmutter – denn die Frauen starben ja zeitig im Kindbett –, zwei bis drei Kinder mit manchmal beträchtlichem Altersunterschied – denn zwischen ihnen liegen Fehlgeburten und gestorbene Säuglinge –, selten die Großeltern – denn so hoch ist die Lebenserwartung in der Regel nicht –, immer Dienstboten. Das alles lebt in einem Raum, vielleicht in zweien. Nur wohlhabende Adlige hinterlassen im 17. Jahrhundert Stadthäuser mit fünf Gemächern. Das Kinderzimmer ist noch nicht erfunden. Kinder schlafen zu mehreren in einem Bett, das jeden Abend aufgeschlagen wird. Es gibt für sie keine besonderen Möbel und Geräte, außer dem Laufställchen und einigen wenigen Spielsachen. Das Kind ist selten sich selbst überlassen. Die Mutter ist nicht etwa, wie heute oft, berufstätig, sondern kümmert sich um den Haushalt. Der Vater hat seine Werkstatt, sein Kontor, seinen Laden – alles im gleichen Haus. Die höchste Instanz für das Kind ist also immer zum Greifen nahe. Die väterliche Gewalt ist durch das römische Recht

Cornelis de Vos (1585–1651): Bildnis eines kleinen Mädchens. Es sitzt im Kinderstühlchen und zerkrümelt einen Keks (Städelsches Kunstinstitut Frankfurt/Main)

Kinderstube in einem städtischen Bürgerhaus. Der Vater als Inhaber der ‚patriam potestas' erteilt der Gattin und den Kindern gute Lehren. Eine Magd sitzt am Spinnrocken und beaufsichtigt die Kinder. Ein Kind lernt im Laufstall laufen, andere spielen mit Löffel und Breinapf. Holzschnitt des sog. Trostspiegelmeisters, 2. Hälfte des 16. Jh. (Landesbibliothek Wolfenbüttel)

Kinderstube eines Bürgerhauses: die Kinder spielen mit Trommel, Puppe, Rassel und Pistole, das Kind im Laufstall trägt ein Gängelband am Rücken. Kupferstich von Abraham de Bosse (Cabinet des Estampes de la Bibliothèque National de Paris)

Le Nain, La Danse d'enfants. 1642 (Paris, Catalogue de l'exposition „Les Frères" Le Nain, Grand Palais, 1978). Der Tanz der Kinder

Matthäus Merian, Portrait Louis XIII als Kind. Kupferstich, 17. Jh.

fest etabliert. Jedoch gilt in der Erziehung der Rat der Mutter ebenso wie der des Vaters. Jedenfalls in den ersten Jahren einer Kindheit.

Viel zeitiger als heutzutage wurde das Kind des 17. Jahrhunderts in die Kleidung der Erwachsenen gesteckt. Mädchen sahen aus wie verkleinerte erwachsene Frauen, die Knaben zunächst wie ungeputzte Mädchen und dann wie Miniaturausgaben ihrer Väter.

Das Tagebuch der Kindheit Ludwig des XIII., aus der Feder seines Leibarztes, vermerkt, daß am 17. Juli 1602 das erste Gängelband am Kleid des Prinzen befestigt wird. Zu diesem Zeitpunkt ist er etwa ein Jahr alt. Mit drei Jahren und zwei Monaten gibt man ihm das erste Kleid ohne Gängelband. An seinem vierten Geburtstag trägt er unter seinem Kleid Kniehosen, ein Jahr später nimmt man ihm die Kinderhaube ab und setzt ihm den Hut der Männer auf.

Gewiß war ein französisches Königskind eine Ausnahme. Aber seine Erziehung setzte nicht nur für den Adel, sondern auch für die Bürger Frankreichs und damit Europas Maßstäbe und Vorbilder. Einem Vierjährigen wird der „Hut der Männer" aufgesetzt, weil nach den damals gültigen Ansichten Kinder soviel wie kleine Erwachsene waren. Man erzog sie dazu, sich möglichst schnell und reibungslos in die Welt der Erwachsenen einzupassen. Unterschiede der Kleidung konnten da nur hinderlich sein. Diametral entgegengesetzt unsere Ansicht: Wir wollen heute den kindlichen Zustand möglichst lange bewahren. Das mag dann heißen: Wir gestehen unseren Kindern die Fähigkeit zur eigenen Entscheidung und zur Übernahme von Verantwortung lange Zeit nicht zu.

Darstellung der Gottesfurcht in Johann Comenius ‚Orbis sensualium pictus', erstmals erschienen 1658. Gottes ‚allsehendes' Auge (2), seine ‚regierende' Hand (3) lenken das Schicksal des Menschen, dem die Engel als Beschützer (4) gegen die Versuchungen des Teufels (6) zur Seite stehen (Landesbibliothek Wolfenbüttel)

Das 17. Jahrhundert sah das anders:
„Das Kind in der Wiege ist sowohl eigensinnig wie voller krankhafter Zustände. Wiewohl sein Körper klein ist, hat es doch ein sündhaftes Herz und neigt zum Bösen.
Wenn man diese Funken größer werden läßt, breiten sie sich aus und brennen das Haus nieder. Denn wir werden gewandelt und werden gut nicht durch Geburt, sondern Erziehung. Eltern müssen daher wachsam und vorausschauend sein. Sie müssen ihre Kinder bessern und scharf zurechtweisen für böse Worte und schlimme Taten."
(Robert Cleaver/John Dod, A Goodly Form of Household Government, 1621)

In puritanischen Erziehungsanweisungen mußte der Erbsünde Rechnung getragen werden. Nachsicht galt als das Werkzeug des Teufels. Eltern wurden ermahnt, nicht zu zärtlich oder vertraulich mit ihren Kindern umzugehen, vielmehr dauernd auf Distanz zu achten. „Zärtlichkeit und Vertraulichkeit führen nur zu Verachtung und Respektlosigkeit bei Kindern."

Angesichts der Enge der Wohnungen muß es für die Eltern schwierig gewesen sein, dieses Prinzip durchzuhalten. Doch soll man nicht vergessen, daß die väterliche Autorität in Recht, Religion und Staatslehre alle nur denkbare Unterstützung und Förderung erhielt. Die Strafgewalt des Vaters war zwar nicht mehr unumschränkt wie in der Antike. Immerhin konnte er einen ungeratenen Sohn oder eine gefallene Tochter einsperren lassen. Der Vater bestimmte auch den künftigen Beruf des Sohnes und die Heirat der Tochter. Eher tendierten die Väter zur Strenge als zur Milde. Die zeitgenössischen Schriftsteller hätten sonst nicht so häufig Rat erteilt wie den folgenden:

„Vom dritten bis zum siebten Jahr sollen Kinder sanft und freundlich erzogen und nicht heftig getadelt oder geschlagen werden, denn das macht sie ihr ganzes späteres Leben lang zu furchtsam, zu schreckhaft ... Vor ihrem sechsten oder siebenten Jahr sollen sie auch nicht zu harter Arbeit gezwungen werden, sonst geraten sie nicht gut, wachsen nicht mehr, bleiben klein oder werden Zwerge."

Die Bilder des 17. Jahrhunderts, auf denen viele Erwachsene beisammen sind, zeigen nun häufig auch Kinder. Sie gehören dazu. Sie wachsen nicht in der Isolation des Kinderzimmers oder der Studierstube auf. Unablässig haben sie das Beispiel der Erwachsenen vor sich und gleichen sich deren Idealen an. Die Erwachsenen wiederum versuchen ihre Kinder zu gottesfürchtigen Menschen mit guten Manieren zu erziehen. Das müssen sie schon aus Angst vor Strafe im Jenseits wegen Vernachlässigung der Elternpflicht. Wie sich das Bedürfnis der Erwachsenen, ihren Willen dem Kinde aufzuzwingen, mit der natürlichen Laxheit und Nachsicht einer organisch gewachsenen, nicht sehr disziplinierten Gesellschaft verträgt, können wir heute nur unvollkommen nachempfinden.

Bis ins 18. Jh. wachsen Kinder inmitten der rüden Welt der Erwachsenen auf, sie nehmen an allen Schaukämpfen, öffentlichen Hängungen, Trinkgelagen und Festen teil – sie werden nicht abgesondert und noch nicht dressiert. Jan Steen, Das tanzende Paar, 1663 (National Gallery of Art. Washington D.C.)

Prügel gilt jedenfalls im 17. Jahrhundert als hervorragendes Mittel der elterlichen Erziehung. Man nimmt es ernst mit der biblischen Vorschrift, die Rute nicht zu sparen, wenn man sein Kind lieb hat. Die Strafe wird zelebriert wie ein Gottesdienst. Das Kind hat sich sauber angezogen, holt selbst das Marterinstrument von seinem Platz an der Wand und betet das Vaterunser im Takt der Hiebe. Gern und aus Überzeugung schreckt man es mit Höllenstrafen und ewiger Pein oder entzieht ihm sichtbarlich die elterliche Liebe. Das unartige Kind wird auch manchmal in die Ecke gestellt oder im Dunkeln angebunden, oder es bekommt nichts zum Nachtessen. Bettnässen kann damit bestraft werden, daß Knaben ihren Urin trinken oder sich den Penis zubinden lassen müssen. Toiletten-Training wird gefördert, indem man die Kleinen auf dem Topf lange Gebete lernen läßt. Doch muß man sich das alles weniger systematisch und ausgeklügelt vorstellen, als es in dieser Aufzählung klingt. Das dauernde Zusammensein von Erwachsenen mit Kindern verhindert einen Kasernenhofdrill. Vergehen der Kinder gegen die elterliche Zucht und Verstöße gegen die öffentliche Ordnung wurden anders bewertet als heute. Unpünktlich sein war sicher kein Grund zur Strafe. Mit Stunden ging man so gemächlich um wie wir mit Sekunden. Dafür wurde die mutwillige Beschädigung, sagen wir, eines Spiegels viel härter geahndet als wir das tun würden. Gebrauchsgegenstände waren kostbar.

Gonzales Coques, Familienportrait. Das Kleinste der Kinder im Laufstall trägt einen Fallhut, der es bei Stürzen schützen soll. 17. Jh. (National Gallery, London)

Pieter de Hoogh. (1629– nach 1684?) Hof eines Delfter Hauses, 1653 (National Gallery, London). Das kleine Mädchen begleitet die Dienstmagd bei ihren Arbeiten.

Elternpaar bringt seinen Sohn zum Lehrer, dessen Attribut die Rute ist. Er kassiert das Schulgeld aus der Hand des Vaters. Der Schüler trägt sein ABC-Buch in einer Tasche auf der Hüfte. Aus einer Holzschnittfolge des 16. Jahrhunderts (Landesbibliothek Wolfenbüttel)

Die ungezogenen Schulknaben. Holzschnitt vom sog. Meister des Trostspiegels, 16. Jh.

Kinderspiele: Wind oder Drehmühle, Reifspringen, Blinde Kuh, Drachensteigen, Reifschlagen, Stelzenlaufen. Kupferstich von Conrad Meyer, 17. Jh. (Graphische Sammlung der Bayerischen Staatsgemäldesammlungen München)

Vieles wurde als Sünde betrachtet, was wir heute völlig anders einstufen. Die puritanischen Schuhmacher von Carlisle verboten ihren Lehrlingen das Fußballspiel. Die Kaufmannsgilde von Newcastle untersagte den Ihren Tanz und Musik, Karten- und Würfelspiel. Der Reformator Calvin sorgte für die Hinrichtung eines Mädchens, das den Tag des Herrn mit Reifenspiel geschändet hatte. Die Beziehungen zwischen fleischlichen Gelüsten, Spiel und Sünde wurden von Predigern jeder Richtung ausführlichst erörtert. Vielleicht, weil Spiele und Spielen so sehr zur barocken Welt der Fürstenhöfe und Patrizierhäuser gehörten, daß es die hart arbeitenden Bürger als Herausforderung ansehen mußten.

Meinungsverschiedenheiten über das, was Kindern erlaubt und was verboten sein sollte, waren innerhalb der Konfessionen gering. Alles bezog sich ja auf einen gemeinsamen Sittenkodex, dessen Glaubensfundamente im großen und kleinen Katechismus unübertrefflich einprägsam dargestellt waren. Der kleine war für die Kleinen, der große für die Großen, aber beide forderten und verboten dasselbe, und wo das kindliche Verständnis nicht ausreichte, die dogmatischen Feinheiten zu verstehen, half das Auswendiglernen. Es verschaffte Zeit, während der eine spätere Einsicht wachsen konnte.

Das 17. Jahrhundert nahm es – die Religionskriege beweisen es – mit dem Glauben genau. Was man zu glauben hatte und wie das zu rechtfertigen sei, lernten schon die kleinsten Kinder auswendig. Calvin und Luther hatten mit dem Katechismus den Anfang gemacht. Luther mit geradezu klassischen Formulierungen. Die Gegenreformation befand es sehr bald für notwendig, auch den katholischen Kindern einen solchen Leitfaden fürs Leben an die Hand zu geben. Kaum ein Kind also im Europa des 17. Jahrhunderts, das nicht sein „Du Sollst und Du Sollst Nicht" genau gekannt hätte. Das „Du sollst Vater und Mutter ehren" mit seinen Erläuterungen war die einfachste und glaubwürdigste Formel, auf die sich das Verhältnis der Familienmitglieder zueinander bringen ließ. Es gab dem „Dienen" der Kinder im Hause der Eltern religiöse Würde und versprach noch zu Lebzeiten ein gutes Entgelt obendrein.

Diese Grundstimmung drückt der böhmische Erzieher Johann Amos Comenius im Orbis sensualium pictus, einem weitverbreiteten Familienlexikon, so aus:

> Das kleine Kind wird gewickelt in Windeln
> gelegt in die Wiege
> von der Mutter gesäugt mit den Brüsten
> und ernährt mit Brei.
> Danach lernt es gehen im Gängelwagen,
> spielt mit Spielzeug
> und hebt an zu reden.
> Bei wachsendem Alter
> wird es zur Gottesfurcht
> und Arbeit angewöhnt
> und wird gezüchtigt,
> wenn es nicht folgen will.
> Der Vater ernährt die Kinder mit Arbeiten.
> Die Kinder sind Ehre und Dienst
> den Eltern schuldig.

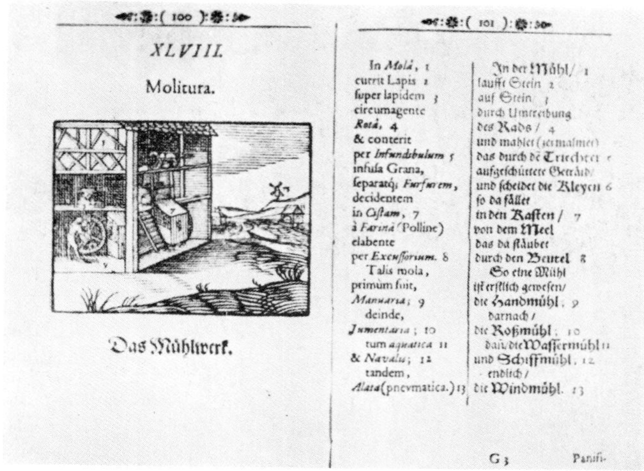
(100)

XLVIII.

Molitura.

Das Mühlwerk.

(101)

In *Molâ*, 1	In der Mühl/ 1
currit Lapis 2	laufft Stein 2
super lapidem 3	auf Stein 3
circumagente	durch Umtreibung
Rotâ, 4	des Rads/ 4
& conterit	und mahlet (zermalmet)
per *Infundibulum* 5	das durch de Trichter 5
infusa Grana,	aufgeschüttete Getraid/
separatq; *Furfurem*,	und scheidet die Kleyen 6
decidentem	so da fället
in *Cistam*, 7	in den Kasten/ 7
à *Farinâ* (Polline)	von dem Meel
elabente	das da stäubet
per *Excussorium*. 8	durch den Beutel 8
Talis mola,	So eine Mühl
primùm fuit,	ist erstlich gewesen/
Manuaria; 9	die Handmühl; 9
deinde,	darnach/
Jumentaria; 10	die Roßmühl; 10
tum *aquatica* 11	dan/die Wassermühl 11
& *Navalis*; 12	und Schiffmühl; 12
tandem,	endlich/
Alata (pnevmatica.) 13	die Windmühl. 13

G 3 Pansi-

Zwei Seiten der ersten Ausgabe des erstmals 1658 erschienenen ‚Orbis sensualium pictus'. Die sichtbare Welt, das ist: aller vornehmensten Weltdinge und Lebensvorrichtungen Vorbildung und Benamung (Landesbibliothek Wolfenbüttel)

Die elterliche Gewalt ist religiös begründet und durchs römische Recht abgesichert. Ihr entspricht als Pflicht der Eltern die Fürsorge für das Kind. Darunter ist vornehmlich die Erziehung zu verstehen. Im Französischen heißt sie „nourriture" (Nahrung). Der Begriff drückt sehr hübsch die Vorstellung aus, Erziehung sei soviel wie geistige Ernährung.

Bis zum 15. Jahrhundert empfand es jede Generation als ihre Aufgabe, der folgenden den vollen Umfang der gesammelten Erfahrungen, Fertigkeiten und Berufsgeheimnisse zu vermitteln. Das war die Aufgabe der Erziehung. Nichts durfte vergessen werden oder verloren gehen. An eine Weiterentwicklung wurde jedoch nicht gedacht. Die Zivilisation war statisch. Das änderte sich in der Renaissance. Zuerst nur in begrenzten Schichten kam der Gedanke auf, der nachfolgenden Generation ein Mehr an brauchbaren Kenntnissen mitzugeben, als man selbst empfangen hatte. Im 17. Jahrhundert wurde dieser Gedanke Allgemeingut in den Mittelschichten der

Städte Westeuropas. Das Kapital des zu vermittelnden Wissens konnte sich nun unaufhörlich ausweiten.
Das Kind kam in die Schule. In Frankreich zum Beispiel spann sich ein dichtes Netz von Elementarschulen über das Land. Dreiviertel aller Gemeinden konnten ihre Kinder in Lesen, Schreiben, Rechnen und den Grundlagen des Latein unterrichten lassen. Die Schulräume waren notdürftig. Die Lehrer waren alles mögliche: „abgebrochene" Studenten, ehemalige Berufssoldaten, ältere Fräuleins von gutem Stande. Meistens waren es Nichtgeistliche, aber natürlich auch Pfarrer und Küster. Stiftungen und Zuschüsse der Gemeinden sorgten dafür, daß auch die ärmere Bevölkerung durch Schulgeld nicht über Gebühr belastet wurde.
Was uns an diesen Volksschulen auffallen würde: Es gibt keine Wandtafel. Das Alphabet wird von einem Schaubild abgelesen, oder aus Lehrbüchern, die in der Schule verwahrt werden. Die Kinder lernen zuerst buchstabieren und lesen. Wenn sie es darin bis zu der Fertigkeit gebracht haben, auch lateinische Worte zu lesen – meistens aus der Liturgie – beginnt die schwierige Kunst des Schreibens. Also etwa im dritten Schuljahr. Für Schreibübungen in kursiv und Druckschrift steht Papier zur Verfügung. Jeder Schüler hat zwei Gänsekiele, je zwei Schüler haben ein Tintenfaß. Der Lehrer geht von einem zum andern, verteilt Aufgaben, verbessert das Geschriebene, spitzt die Gänsekiele an. Es ist ein mühsamer Prozeß.
Erst im 18. Jahrhundert dringt aus Deutschland die praktische Neuerung ein, gleichzeitig Lesen und Schreiben zu lehren. In der älteren Methode war noch etwas von der mittelalterlichen Kunst des Schreibens schöner Manuskripte aufbewahrt. Die Kinder lernen auch – und das war unter den Umständen ganz praktisch – ältere Schriftarten zu lesen, so daß sie nicht, wie unsere heutigen, in Verlegenheit kommen angesichts einer gotischen Handschrift. Die Urkunden- und Gerichtssprache wird zu Übungszwecken herangezogen. Nach drei Jahren Unterricht kommen die Zahlen und Grundrechnungsarten dazu. Gesungen werden vornehmlich Kirchenlieder. Naturkunde erteilt das Leben selbst. Es gibt keine Schulpflicht und kein vorgeschriebenes Schulalter. Der Schulbeginn liegt meist bei sieben Jahren. Es können aber durchaus neben dem Achtjährigen auch junge Männer von sechzehn sitzen. Die Einteilung der Klassen – wo es solche gibt – erfolgt nicht nach dem Alter, sondern dem Können. Können, nicht Alter ist die Voraussetzung für den Übergang auf die Lateinschule, das Collegium, das Gymnasium, die grammar-school, wie diese höheren Bildungsanstalten hießen.

Die meisten Gemeinden waren nicht reich genug, separate Elementarschulen für Mädchen einzurichten, wie es Kirche und Obrigkeit aus Gründen der Schicklichkeit gern haben wollten. Aber wenn die Töchter überhaupt von den Eltern einer Unterrichtung in Lesen und Schreiben für würdig befunden wurden, was ja nicht immer der Fall war, dann endete dieses Kapitel mit der Elementarschule. Weiteres wurde der privaten Erzieherin und den Stiften oder Klöstern überlassen. In ihnen konnten es die Töchter des Adels noch bis zur Lektüre der Klassiker in den Ursprachen bringen. Die Töchter des Bürgertums widmeten sich statt dessen der Haushaltskunst.

Die Lateinschule ist die kürzeste Leiter für den Aufstieg in die höheren Schichten der Gesellschaft. Der Adel schickt seine Söhne dahin, bevor sie Offizier werden oder an den Hof gehen. Wer Richter, Finanzbeamter, Diplomat, Notar, Arzt, Apotheker und natürlich Prediger werden soll (er wird selten gefragt, ob er will), muß das Latein beherrschen. Und mehr als das, er muß das Staatsverständnis Ciceros, die Lebensphilosophie Senecas, die poetische Redeweise Vergils in sich aufgenommen haben. Diese Grundlagen der modernen Zivilisation sind durchdrungen von der Lehre des jeweils herrschenden Kirchenglaubens. Die Verschmelzung eines gelassenen Christentums mit der Philosophie der Alten – das Werk des Erasmus und des Melanchthon – erfuhr in den Höheren Schulen ihre europäische Vollendung.

Elementarschule für Kinder begüterter Bürger: der Unterricht findet in der Wohnstube des Lehrers statt. Der Lehrer ‚überhört' die Schüler einzeln. Kupferstich von Abraham de Bosse (1602–1678). Cabinet des Estampes de la Bibliothèque Nationale de Paris.

Elementarschule für Töchter begüterter Bürger in den Wohnräumen der Lehrerin. Im Hintergrund kehrt eine Dienstmagd (La Maitresse d'ecole). Kupferstich von Abraham de Bosse (Cabinet des Estampes de la Bibliothèque Nationale de Paris)

In Frankreich gibt es zu Ludwig des XIV. Zeiten ungefähr zweihundert solcher Sekundärschulen mit insgesamt 60.000 Schülern. Ein reiches Reservoir an Intellektuellen selbst für eine Großmacht! So groß ist das Reservoir in der Tat, daß Richelieu eine Intellektuellen-Schwemme und das Absterben der praktischen Berufe befürchtet. In den evangelischen Ländern ist der Kirche die Aufsicht übertragen. In der katholischen Hälfte Europas übernehmen die Jesuiten den Unterricht. In Frankreich stellen sie zwei Drittel aller Lehrer.

Der Unterricht ist kostenlos. Die Hälfte der Schüler kommt aus den oberen Schichten der Städte und vom Landadel. Ein Viertel sind Kaufmannssöhne, ein Viertel stammt aus Handwerker-Familien. „Arbeiter"-Kinder im heutigen Sinne, Kinder von Eltern, die mit den Armmuskeln für Tagelohn arbeiten, sind nicht ausgeschlossen, aber ganz selten anzutreffen. Wie in der Elementarschule gibt es keine fixierten Altersklassen. Um 1690 befinden sich z.B. in einer Rhetorik-Klasse von Toulouse sieben Kinder von elf bis vierzehn Jahren, zwölf Schüler von fünfzehn bis siebzehn, und sechs zwischen achtzehn und fünfundzwanzig!

Die Schüler leben zu Hause; kommen sie aus den ländlichen Einzugsgebieten, so sind sie in angegliederten Pensionaten untergebracht, deren Leiter die Studien überwachen und Nachhilfeunterricht geben. Die Verbindung zu Eltern und Familie bleibt durch Besuche an Sonn- und Feiertagen erhalten. Dabei wird die schmale Pensionatskost aufgebessert.
Pensionate gibt es auch und besonders für die Töchter. In Dôle gibt es eins, das sich keineswegs auf den Nachwuchs der Aristokratie beschränkt. Es wird den jungen Damen dort das Latein der Liturgie, die Haushaltskunde, Buchführung und Korrespondenz beigebracht. Das berühmteste Pensionat der Zeit ist in St. Cyr. Es wird auf Veranlassung von Madame Maintenon, der Mätresse Ludwigs des XIV., gegründet und nimmt die Töchter verarmter Adliger auf. Die vier Klassen sind nach Farben geordnet. In der „Roten" sind 56 Schülerinnen von zehn Jahren oder jünger. Höchstens viermal jährlich sehen sie ihre Eltern, und das im Sprechzimmer.
In den Anfangszeiten des Pensionats wird Wert auf urbane Erziehung gelegt und sogar Komödie gespielt. Dabei gehen die Schülerinnen mit solchem schauspielerischen Talent zu Werke, daß die Zuschauer sich vor Vergnügen die Seiten halten. Die Jesuiten erheben Protest. Madame Maintenon verbietet daraufhin alle solche weltlichen Vergnügungen.
Was die Erziehung des späteren Sonnen-Königs anbetrifft, so gingen seine Erzieher davon aus, daß ein König sein Handwerk beherrschen muß, ehe er seine Untertanen beherrschen kann. Statt der Märchen und Fabeln wird bereits dem Fünfjährigen vor dem Einschlafen eine neu erschienene Geschichte Frankreichs vorgelesen – aber im Märchenton. Der eigentliche Unterricht in Geschichte und Geographie beginnt mit dem siebenten Jahre. Im achten Jahr bereits assistiert er dem Kardinal Mazarin beim Empfang von Botschaftern. Latein hat er längst gelernt. Es muß ihm nun die Natur der französischen Monarchie in Fleisch und Blut übergehen. In den erhaltenen Schönschreib-Heften des jungen Ludwig liest man, daß „den Königen alle Ehre gebührt. Sie tun, was ihnen gefällt". Mit zehn kann er auch Seekarten lesen.
Parallel zur intellektuellen Lehrzeit verläuft die des ersten Cavaliers von Frankreich: Reiten und Tanzen lernt er mit sieben, Schießen und Fechten mit zehn. Das erscheint nicht besonders früh, wenn man feststellt, daß damals die Söhne hervorragender Familien mit dreizehn Jahren Regimenter in die Schlacht führten – natürlich unter Aufsicht und Beratung bewährter Haudegen. In diesem Zeitalter war man daran gewöhnt, daß Beruf und Lebensstellung vom Vater auf den Sohn übergingen. Die Monarchie war das beste Beispiel dafür. Die großen Familien vererbten nicht nur Titel und Ländereien, sondern auch kirchliche Ämter wie das des Bischofs oder Abts im Heimatdistrikt. Weiter unten in der bürgerlichen Hierarchie erbte der Neffe des Domherren die Pfründe des geistlichen Onkels, der Sohn die

Erzieher und Erzieherin der Kinder des französischen Königshauses beim Leseunterricht in Gestalt eines ‚typographischen Büros', einem Lesekasten mit Buchstabenkärtchen, die zu Wörtern zusammengelegt werden. Titelblatt zu L. Dumas ‚La Bibliothèque des enfants', Paris 1732.

Die Fechtschule. Aus einem Anschauungsbuch für angehende Kavaliere in deutsch, latein, italienisch und französisch, 17. Jh. (Landesbibliothek Wolfenbüttel)

Steuerpacht des Vaters. Dafür wurde man vom Familienoberhaupt ausersehen und ausgebildet. Viel Rücksicht auf etwaige Sonderwünsche des Sprößlings wurde da nicht genommen. Meist hatte er auch keine. Selbst wenn es sich darum handelte, in den geistlichen Stand zu treten und auf eine spätere Ehe zu verzichten, wurde dies durch die Ehre aufgewogen, dem Zweiten Stand im Staat anzugehören.

War ein Kind zum Kaufmann oder Handwerker bestimmt, so ging es nach dem Schulbesuch in die Lehre. Das hieß, in die Familie eines befreundeten Meisters zu ziehen, der vertragsgemäß die Sorge für den Unterhalt und die praktische Unterweisung für den Beruf übernahm. Die Lehrzeit konnte lang sein – bei den Pariser Uhrmachern betrug sie acht Jahre. Die mittelalterlichen Zunftregeln waren noch sehr wirksam – erst die Einrichtung von technischen und kunsthandwerklichen Fachschulen durch die Fürsten des 18. Jahrhunderts brach langsam das erbliche Monopol der Meisterstellen und bewirkte, daß sich die persönlichen Bande zwischen dem Lehrling und seinem Meister lockerten.

In puritanischen Augen war Ignoranz die Wurzel allen Übels. Daraus folgt, daß kindliche Verstocktheit als heilbar galt. Das puritanische Bürgertum betrieb die Erziehung des Kindes von frühauf wie den mühseligen Bau eines Bollwerks gegen die Sünden und Verlockungen der Welt. Die Väter sahen ihre Reputation als fromme Gottesleute in der Gemeinde aufs Spiel gesetzt, wenn ihre Söhne und in geringerem Maße auch die Töchter nicht eine profunde Kenntnis der Heiligen Schriften aufwiesen. Das war auch notwendig, weil die Gleichnis- und Bildersprache der Bibel von allen gebraucht und verstanden wurde.

Bürger mußten durch Gelehrsamkeit, Belesenheit und Sprachgewandtheit ersetzen, was an hoher Geburt fehlte. Man kann von beginnender Mobilität der Stände sprechen. Der Ehrgeiz war groß, den Sprößling eine Stufe höher auf der scharf überwachten Rangleiter der Stände klimmen zu sehen. Vielleicht wurde er Richter, Advokat, Geistlicher mit Pfründen, fürstlicher Finanzbeamter oder Leibarzt? Der Katechismus hilft gegen die Sünde, das Latein verhilft zu Kenntnissen und Ansehen, aber ohne gute Manieren kommt keiner voran. Das erklärt die weite Verbreitung der Anstandsfibeln im 17. Jahrhundert. Manches scheint direkt den Erziehungsschriften des Erasmus von Rotterdam entnommen:

„Es ist gar nicht fein, öffentlich die Hand an irgend einen Körperteil zu führen und sich zu kratzen. Zum Zwecke der Notdurft soll man sich nicht öffentlich aus- und ankleiden, sich auch nicht unmittelbar danach ostentativ die Hände waschen. Man zeigt nicht auf den Straßenkot. Man läßt andere nicht an stinkenden Dingen riechen.
Man beleidigt nicht die Sinne anderer, indem man mit den Zähnen knirscht oder pfeift, quiekt oder Stein und Eisen aneinanderwetzt. Man soll nicht mit den Knöcheln knacken oder großen Lärm beim Niesen oder Husten machen und danach auffällig ins Taschentuch schauen."

Manches erinnert ans Mittelalter. Zum Beispiel der Wert, der auf Tischsitten gelegt wird. Mahlzeiten gingen nach einem Zeremoniell vor sich, das wir heute komisch finden. Jeder einzelne spielte eine genau definierte Rolle. Die Aufgabe der Kinder verschiedener Lebensalter war es, das Gebet zu sprechen, die Speisen aufzutragen, das Fleisch zu schneiden und vorzulegen, die Getränke auszuschenken und womöglich sogar mehrstimmig Tafelmusik zu machen.
Gute Manieren waren so wichtig, daß ein englischer Pädagoge des 17. Jahrhunderts der Ansicht sein konnte:
„Das sanfte und harmonische Betragen der Kinder stellt einer Schule ein besseres Zeugnis aus als eine solide Bildung. Ein gutes Betragen zeigt jedermann, daß das Kind gebildet ist, auch wenn es vielleicht nur wenige Dinge gelernt hat: weil doch die Guten Manieren der wichtigste Teil der guten Erziehung sind."

Das Tischgebet. Kupfer von Abraham de Bosse. Die Texte ermahnen zu Gehorsam gegenüber den Eltern und stetigem Kampf gegen alle Laster. Der Vater ist die patriarchalische Zentralfigur. Mädchen und Frauen an einem, Männer und Knaben am anderen Tischende. Abseits steht der Hauslehrer (Cabinet des Estampes de la Bibliothèque National de Paris)

Erziehung – das war die Verproviantierung des Kindes mit den Erfahrungen und Umgangsregeln aus vielen vorangehenden Generationen. Das 17. Jahrhundert zeigte seine barocke Gestaltungskraft darin, daß es asketische Grundsätze des Christentums mit der Lebensphilosophie aus Roms klassischer Zeit verband. Obendrein forderte es für den bürgerlichen Erwerbstrieb die Manieren der Adelsgesellschaft.

Marschall de Cailliere über die Wichtigkeit von Manieren und Welterfahrung (aus seiner „Fortune des Gens de Qualité ..." von 1661)

„Es genügt nicht, sich in der Kollegweisheit auszukennen. Es gibt noch eine andere Weisheit, die uns lehrt, wie man sich jener zu bedienen hat. Die weder Griechisch noch Latein spricht, uns jedoch in der Anwendung beider Sprachen unterweist. Man begegnet ihr in den herrschaftlichen Häusern, bei den Fürsten und hohen Herren, sie versteckt sich in den Gemächern der Damen, findet sich unter den Soldaten und achtet auch die Kaufleute, Handwerker und Arbeiter nicht gering. Die Klugheit ist ihr Leitfaden und ihr Lehrbuch ist die Konversation und die Erfahrung im Umgang mit den Dingen."

Neueste (und älteste) Erkenntnisse über das Zubettbringen der Kinder aus der „Civilité nouvelle" von 1671 (Civilité = Anstandsfibel)

„Das Kind soll zu Hause wiederholen, was es in der Elementarschule oder im Gymnasium gelernt hat, oder aber es soll zu Hause lernen, was es dann seinem Lehrer aufzusagen hat ... Wenn das Kind seinen Mann gestanden hat, dann wäscht man es und liebkost es. Wenn es sich leichtere Vergehen zuschulden hat kommen lassen, bestraft man es in scherzhafter Weise, indem man sich über es lustig macht oder eine leicht erträgliche Bestrafung vornimmt. Wenn es sich dazu hat hinreißen lassen, eine Handlung zu begehen, die einem Vergehen nahekommt, das heißt, wenn es Blasphemie oder eine Dieberei begangen hat, wenn es gelogen oder ein Schimpfwort, eine gemeine Beleidigung gegen eine Zofe oder einen Diener geäußert hat, oder auch, wenn es in verbohrter und trotziger Weise ungehorsam gewesen ist, soll man ihm die Rute geben. Danach soll das Kind seinen Eltern und Erziehern Gute Nacht sagen und seine Geschäfte verrichten. Sobald es ausgezogen ist, legt es sich schlafen ohne noch zu schwatzen, Geschichten oder unnützes Zeug zu erzählen. Es soll sich so zu Bette legen, daß es recht anständig darin liegt und ganz zugedeckt ist. Es soll weder auf dem Rücken noch auf dem Bauch schlafen, sondern auf der Seite, auch soll es nicht ohne Hemd schlafen, zum einen aus Gründen der Schicklichkeit und zum anderen, damit es seine Kleider in allen erdenklichen Fällen, die das nötig machen könnten, umgehend zur Hand hat."

Natur oder Dressur

Das Jahrhundert der Aufklärung

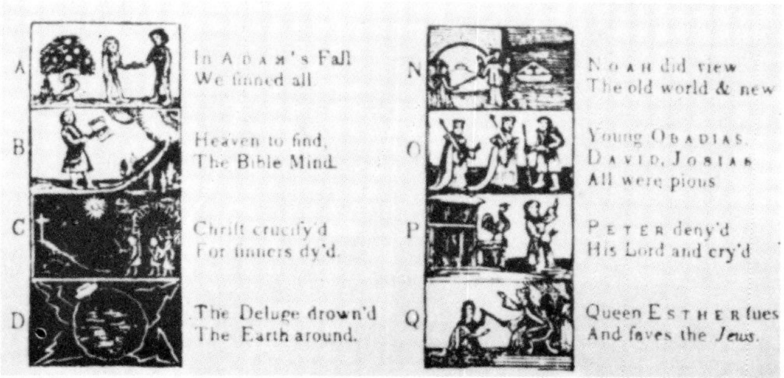

Das Alphabet aus einem Erstlesebuch in Neu-England, Boston 1727. Die Verse sollen gleichzeitig den religiösen Sinn schulen: ‚In Adams Fall/sündigen wir all./Die Bibel heißt uns streben/nach dem himmlischen Leben...'

Sir Godfrey Kneller: John Locke, 1698, Radierung.

Von fast allen Kanzeln Englands wurde um 1700 noch puritanisch rauh über Erbsünde, Höllenangst und Verdammnis gepredigt. Kinder bereits sollten dauernd an Vergänglichkeit und Tod erinnert werden. Da gehörte schon Kühnheit dazu, wenn einer die Forderung aufstellte: „Man soll Kindern das Leben so vergnügt und angenehm gestalten wie nur möglich" oder „alles, was sie lernen müssen, wollen wir ihnen zu Spiel und Sport machen".

Das widersprach dem gesunden Menschenverstand der Epoche. Der Autor mußte einen Spleen haben. Hätte er sonst seinen Engländern, die doch seit alters her Liebhaber großer Keulen von Roastbeef sind, einzureden versucht, ihr Leben würde mit weniger Fleisch und mehr Brot und Obst länger währen? Oder daß sie besser kauen und nicht gar so viel trinken sollten? Auch Babies müsse man nicht immerfort zu trinken geben, wenn sie schreien.

Wir sprechen von John Locke. Er war Arzt, Diplomat, Philosoph, Ratgeber der Krone, eingefleischter Junggeselle, Kindernarr und Gesprächspartner der großen Geister seiner Zeit. Der Frau seines Freundes Clarke schrieb er eine Reihe von Briefen mit Ratschlägen zur Erziehung ihrer Kinder. Aus diesen Briefen ist eines der meistgelesenen Erziehungsbücher der Weltliteratur entstanden. John Lockes „Einige Gedanken über die Erziehung" erschien 1693 und ist seitdem wieder und wieder in allen Sprachen aufgelegt worden. Auch heute noch, fast dreihundert Jahre später, hat das Buch noch nichts von seiner Bedeutung verloren und ist unübertroffen in der praktischen Unvoreingenommenheit, mit der es für

das Kind als vernünftiges Wesen einen vernünftigen Erzieher fordert.
Als Arzt und scharfer Beobachter war Locke gegen die Sitte des Kinderwickelns. Er hatte verläßliche Nachrichten darüber, daß die Kleinkinder an der Goldküste viel schneller kriechen und laufen lernen als die einbandagierten weißen Kinder. Er folgerte daraus, daß es kleinen Kindern gar nichts schadet, wenn sie nackt herumlaufen und ohne Hut in der Sonne spielen. Lockere, einfache Kleidung halte sie gesund, sie sollen barfuß gehen und im Winter durchlässige Sandalen tragen; nasse Füße tun gut. John Locke plädiert für viel Aufenthalt im Freien, viel Schwimmen, viel Schlafen, und das ohne Nachtmütze, aber auf hartem Bett. Früh aufstehen soll das Kind. Man soll es aber freundlich und allmählich wecken. Besonders wichtig ist jeden Morgen ein kaltes Bad, und regelmäßiger Stuhlgang.
John Lockes Anweisungen zum Umgang mit Kindern klingen heute für uns nicht sehr revolutionär. Sie waren es aber für die damalige Welt der Erwachsenen, die wir aus den Stichen von Hogart rekonstruieren können. Diese Welt war turbulent, roh und unwissend.
Immer schienen sich welche zu prügeln und zu mißhandeln. Immerzu geriet man in Streit. Ständig wurde ein Schuldner ins Gefängnis geworfen, ein Verbrecher zum Galgen geführt. Die Bauern hatten ihr Land an den Adel verloren und drängten in die Elendsquartiere der Städte, wo ihre billige Arbeitskraft neue Industrien aufbaute. Wer keine Arbeit fand, verdingte sich nach Amerika, um dort sieben Jahre lang als Leibeigener zu arbeiten mit den Negern, die als Kind aus Afrika in die Sklaverei verkauft worden waren.
Kriminelle Randexistenzen terrorisierten die Großstädte. Kindesmord und Abtreibung, Betteln und Prostitution auch Halbwüchsiger waren an der Tagesordnung. Für Mundraub wurden selbst Kinder grausam bestraft. Da war es unglaublich, daß einer wie Locke ohne die strafende Rute auskommen wollte, nach der Devise: Nascht ein Kind, wird man ihm das Fehlerhafte seines Tuns klarmachen. Es wird

William Hogarth (1697–1764), Gin-Lane oder: Schnapsgasse, 1751. Wer nicht bei der Geburt starb, mußte solange um sein Leben fürchten, bis er für sich selbst sorgen konnte. Eine Mutter wirft ihr Kind auf die Straße. In einem Hausgiebel hat sich jemand erhängt, ein Toter wird in einen Sarg gelegt. (British Museum, London)

Schenkenszene aus ‚Lebenslauf eines Wüstlings'. Vornehm gekleidete Herren haben sich unter das Volk gemischt, eine alte Frau streicht die Geige, ein Kaufherr liest seine Geschäftsbriefe, einer gießt einem Betrunkenen Schnaps über den Kopf, ein anderer wirft einen Schemel aus dem Fenster.

Saufgelage. Szene aus der Kupferstichfolge ‚Lebenslauf eines Wüstlings': Moderne Mitternachtsunterhaltung, 1734 (Sir John Soane's Museum, London)

einsehen, daß es besser ist, vorher zu fragen. Nascht es dennoch wieder, ist immer noch Zeit für die Rute. Die Schenken wimmelten von Betrunkenen, die Volksvergnügungen waren brutal und turbulent. Das war es, was Kinder sahen. Unter diesen Umständen gegen Tierquälerei zu sein oder angesichts der Freß- und Saufsucht des Zeitalters für mäßigen Fleischgenuß zu plädieren, oder einfache, lockere Kleidung vorzuschlagen, wo die Mode eine deformierende Schnürbrust verlangte, dazu gehörte ein Geist, der sich von Tradition und Herkommen frei zu machen verstand.

Das Schnürband. Vignette von Mousian aus dem Jahre 1796 (Illustration zu den Werken Jean Jacques Rousseaus)

Abb. links: Seite zur Einführung des Buchstabens ‚W' im ‚Neuerfundenen Lustweg, zu allerley schönen Künsten und Wissenschaften'. Text: ‚Bei diesem sagt man den Kindern vor: Dieses Kindlein hat nichts gelernt, darum wird es geschlagen und schreyet weh: hier muß man gleich auf das W deuten und dem Kind sagen: hier sihe, diß heißet W.' Um 1770.

Abb. rechts: Emile und sein Erzähler beim Wandern. Stich von J. B. Lérieux nach J. M. Moreau le Jeune (1741–1814)

Locke schrieb für Angehörige der höheren Stände. Er warnte immer wieder vor dem üblen Einfluß der Dienstboten auf die heranwachsende Jugend. Aber er wollte die Kinder der Schicht, zu der er sprach, weder zum Standesdünkel noch verzärtelt erzogen wissen, sondern zu selbstsicheren, selbstbewußten Männern, die eines Tages die öffentlichen Angelegenheiten in die Hand nehmen sollten. Schon das Kind sollte mehr von Takt als von eingelernten Anstandsregeln halten. Der Erzieher sollte mehr durch Beispiel als durch sinnloses Pauken wirken.

Vom Bakelschwingen der Schulmeister hielt Locke gar nichts. Höllenschrecken und Jenseitsangst lehnte er wie die Gespenstergeschichten der Dienstboten als Erziehungsmittel ab. Überhaupt hatte er mit der Religion nicht viel im Sinn. Andererseits wollte er nicht, daß die Bibel zum Lesenlernen mißbraucht und dadurch das Urteil der Kinder mit dunklen, schwer deutbaren Geschichten verwirrt werde.
Vor John Locke dachte man in erster Linie an den Vater als den gegebenen Erzieher. Er bezog auch die Mutter in seine Erwägungen ein. Insofern war er ein

Vertreter der Aufklärung. Kinder waren in Lockes Augen von Natur aus nicht unschuldig, aber auch nicht durch Erbsünde verbrecherisch. Verantwortlich für ihre Taten waren sie nur, soweit ihre wachsende Vernunft Einsicht gestattete. Bis dahin war es der Erzieher, auf den es ankam. „Die Menschen sind, was sie sind, zu neunzig Prozent durch Erziehung!" Damit wurde John Locke der Erzvater all der Erziehungstheoretiker, die seitdem das Leben der Kinder leichter und glücklicher, schwerer und unglücklicher gemacht haben.

Unter diesen Erziehungstheoretikern gab es einen, der John Lockes Nachdenken über Kinder aufgriff, vertiefte, verfeinerte und zugleich revolutionierte. Das war Jean Jacques Rousseau. Im Frankreich des Ancien Regime und der Aufklärung führte er eine gehetzte, unheitere Existenz zwischen Pariser Mansarden und den Palästen hochadliger Mäzene. Er war ein rabiater Republikaner und verkehrte am liebsten mit Herzoginnen. Seine Konversation war geistreich und blitzend, aber wenn er vor einer Behörde erscheinen mußte, geriet er vor Aufregung ins Stottern. Er war nierenkrank und ein Nervenbündel und schwärmte von der Abhärtung und Kaltblütigkeit spartanischer Knaben. Seine Lebensgefährtin war Zimmermädchen in einer billigen Pariser Hotelpension gewesen, ehe er sie zur Frau nahm. Sie gebar ihm fünf Kinder. Jedes einzelne schaffte er gleich nach der Geburt ins Findelhaus. Viel praktische Erfahrung mit der Erziehung eigener Kinder hatte er also nicht. Dennoch setzte er für die Erziehung völlig neue Maßstäbe.

„Alles ist gut, wie es hervorgeht aus den Händen des Urhebers aller Dinge. Alles entartet unter den Händen des Menschen. Er zwingt einen Baum, die Früchte eines anderen zu tragen, er vermischt und verwirrt Klima, Elemente und Jahreszeiten, er verstümmelt seinen Hund, sein Pferd, seine Sklaven. Alles stellt er auf den Kopf, alles entstellt er, er liebt das Mißgestaltete, das Ungeheuerliche. Nichts will er so haben, wie es die *Natur* gemacht hat, nicht einmal den Menschen. Er will ihn abgerichtet haben wie ein Zirkuspferd, zugestutzt nach der Mode wie einen Baum in seinem Garten."

Das sind die ersten Sätze seines Erziehungsromans „Emile". Es gibt Historiker, die mit dem Erscheinungsjahr dieses Buches eine neue Ära für Kinder datieren. Darüber mag man geteilter Meinung sein. Sicher ist, daß die Zeitkritik, die Rousseau in seinem „Emile" übte, eine Welt in Bewegung brachte. Er hatte bereits mit anderen Schriften die Axt an die Grundpfeiler der damaligen Gesellschaft gelegt („Der Mensch ist frei geboren – aber überall liegt er in Ketten"), nun unterminierte er das Geflecht von Pflichten, welches Eltern und Kinder aneinander band.

Das 17. Jahrhundert hatte mühsam ein Gleichgewicht gefunden zwischen christlichen und humanistischen Grundregeln der Erziehung. Rousseau störte dieses Gleichgewicht.

Oder kann man es anders als eine empfindliche Störung der guten Sitten bezeichnen, wenn einer behauptet, es sei nicht Sache des Kindes, das Gute und das Böse zu unterscheiden? „Die Natur will, daß die Kinder Kinder seien, bevor sie Männer sind. Die Kindheit hat ihre eigene Art zu sehen, zu denken, zu empfinden. Nichts ist unvernünftiger, als unsere Art an dessen Stelle zu setzen. Ich könnte ebensogut verlangen, daß ein Kind zwei Meter hoch gewachsen sei, als daß es im zehnten Jahr Urteil besitze." Das hatte bisher noch keiner zu sagen gewagt, daß die Kindheit ihre eigene Art zu sehen, zu denken und zu empfinden habe, daß man also ein Kind aus seiner eigenen Logik begreifen müsse und ihm nicht die der Erwachsenen überstülpen dürfe. Eine verwegene Theorie, die einspurig zu Ende gedacht in der antiautoritären Erziehung von Summerhill gipfeln mußte. Und so ist Rousseau ja auch vielfach mißverstanden worden. Aber er war alles andere als einspurig. Er übersah nicht, daß irgendwann der Zusammenstoß des Kindes mit der Erwachsenenwelt kom-

Wie kleine Erwachsene gekleidete Kinder (die kleinsten sind noch mit Fallhüten gegen Stürze gesichert) spielen auf einem vornehmen Balkon mit ihrer Amme und dem Kindermädchen. Das Holzgestell ist ein Laufstall. Gemälde von Nicolas Lancret (1690–1743), National Gallery, London.

Abb. links: Rousseau propagiert neben anderen körperlichen Übungen auch das Schwimmen in der freien Natur. Tafel aus der Kupferstichfolge von Daniel Chodowiecki zu Johann Bernhard Basedows ‚Elementarwerk für die Jugend ...', Leipzig 1783 (Landesbibliothek Wolfenbüttel). *Abb. Mitte und rechts:* Kinderspiele in der Natur. Tafeln aus der Kupferstichfolge von Daniel Chodowiecki zu Johann Bernhard Basedows ‚Elementarwerk für die Jugend ...', Leipzig 1783 (Landesbibliothek Wolfenbüttel)

men muß. Vorbereitung auf diesen Konflikt, das ist die Essenz der Erziehung. Also:
„Beobachte die Natur und folge dem Wege, den sie dir vorzeichnet. Sie übt die Kinder unablässig. Sie härtet ihren Leib ab. Sie lehrt sie frühzeitig, was Beschwerden und Schmerz sind."
Der ideale Erzieher hält seinen Zögling, einen Knaben aus reichem Haus selbstverständlich, in völliger Abgeschlossenheit von den Verlockungen der Großstadt in idyllischer, ländlicher Umgebung. „Die Stadt ist der Schlund, der das Menschengeschlecht verschlingt."
Vater und Mutter spielen in „Emiles" Kindheit keine Rolle, außer daß die Mutter ihn vielleicht gestillt hat. Gewickelt wird er nicht. „Es ist absolut sicher, daß ein Kind, dessen Leib und Arme frei sind, weniger weinen wird, als ein in Bandagen geschnürtes Kind. Wird man weniger durch ihre Tränen belästigt, wird man sich weniger darum kümmern, sie zur Ruhe zu bringen; droht oder schmeichelt man ihnen dann weniger häufig, werden sie weniger verängstigt oder eigensinnig und bewahren leichter ihre natürliche Art." Solche Wechselwirkungen arbeitet Rousseau gern und häufig heraus. Überläßt der Erzieher das Kind einer natürlichen „Entwicklung", unter genauer Beobachtung versteht sich, so hat er es selbst leichter. Richtschnur und Vorbild sind der Instinkt und die Natur.

Auch das Spielzeug soll von größter Einfachheit sein. Keine Rasseln und Klappern von Silber, Gold und Korallen, sondern lieber Zweige mit Früchten und Blättern, einen Mohnkopf, in dem man die Körner klappern hört – die Natur gibt uns ja alles, was wir brauchen; Anschauungsmaterial ist um uns in Gestalt von Pflanze und Tier, Sonne, Mond und Sternen. Völlig überflüssig ist es, daß der Knabe Emile seinen Kopf vor dem zehnten oder zwölften Jahr in die Bücher steckt. Dann ist immer noch Zeit zum Lesenlernen, bis dahin aber sind ohne die Hilfe mißverständlicher lateinischer Zitate und Bibelsprüche die moralischen Grundlagen gelegt:

Nichts soll das Kind aus Gehorsam tun, sondern lediglich aus Notwendigkeit. Die Worte „gehorchen" und „befehlen" werden aus seinem Wörterbuch gestrichen. Und mehr noch die Worte „Pflicht" und „Verbindlichkeit". Einen um so größeren Raum müssen dafür einnehmen die Begriffe „Gewalt" und „Notwendigkeit", „Ohnmacht" und „Zwang".
Dieses alles, was sonst dem Kinde durch Geschwister und Gespielen, Dienstboten, Eltern und Verwandte, Nachbarn und Fremde widerfährt und zur Erfahrung wird, muß der Erzieher seinem Zögling ersetzen. „Das Kind soll wissen, daß es schwach ist und Du stark bist. Daß es durch seine Lage und die Deinige Dir notwendigerweise preisgegeben ist.

Eines der schönsten Kinderportraits des 18. Jh. von Louis Léopold Boilly (1761–1845): Gabrielle Arnault als Kind. (Paris, Musée du Louvre)

Der Sprößling. Obszöne Karikatur aus dem XVIII. Jh.

Das soll es wissen, erfahren und fühlen. Frühzeitig soll es auf seinem hochfahrenden Kopf das harte Joch fühlen, das die Natur dem Menschen auferlegt, das schwere Joch der Notwendigkeit, unter welches jedes menschliche Wesen sich beugen muß.
Aber es soll seine Lehren nur durch die Erfahrung erhalten. Verhänge keinerlei Strafe über es. Denn es hat das Bewußtsein der Straffälligkeit noch nicht. Laß es Dich nie um Verzeihung bitten. Denn es kann Dich ja nicht beleidigen. Da seinen Handlungen jeder sittliche Charakter fehlt, kann es nichts sittlich Böses tun, was Züchtigung oder Zurechtweisung verdiente."
Für eine Epoche, die mit der Strafe so schnell bei der Hand war, eine Zumutung! Was blieb dann übrig, als geduldig-vernünftiges Zureden? Aber auch das war nicht in Rousseaus Sinn. Emile, der mutwillig Fensterscheiben zerschmettert, wird ohne einen Ton des Vorwurfs in einen fensterlosen, dunklen Raum gesperrt – bis er zeigt, daß er das Eigentum anderer zu respektieren gelernt hat.

„Man maßt sich an, ein Kind durch die Vernunft erziehen zu wollen. Das heißt, mit dem Ende beginnen und aus dem Werke das Werkzeug machen. Wenn die Kinder Vernunft verstünden, brauchte man sie nicht zu erziehen."

Da war die Vernunft des John Locke schon wieder halbwegs entthront und die Natur nicht mehr alleinige Lehrmeisterin des Kindes, denn ohne Zwang, ohne Dressur sah auch Rousseau keinen Weg, das Kind zum Manne oder zur Frau werden zu lassen.

Ein neues Interesse am Umgang mit Kindern veranlaßt die Maler des 18. Jh., ihre Familienszenen vorzugsweise in natürlicher Umgebung darzustellen. Dame und Herr mit zwei Mädchen im Garten. Gemälde von Nicolas Lancret (1690–1743), London, National Gallery.

Unterricht der Mädchen in weiblichen Handarbeiten. Holzschnitt aus E. Parzelius, Curioser Spiegel, Nürnberg bei J. A. Endter, 1689.

„Mädchen werden ihr ganzes Leben hindurch dem unablässigsten und strengsten Zwange unterworfen sein, dem des Anstandes. Man muß sie von Anfang an daran gewöhnen, damit er ihnen nie schwerfalle. Sie müssen alle ihre Launen bändigen, um sie dem Willen anderer zu unterwerfen."

Was Knaben anbetrifft, so tritt der Zwang nun in anderer, fürchterlicher Form in Erscheinung. Schon „der Säugling muß, wenn er die Augen öffnet, sein Vaterland sehen – und nichts anderes bis zu seinem Tode. Ich würde es verbieten, daß Kinder in der herkömmlichen Weise unter Aufsicht von Geistlichen lernen. Durch Gesetz wird Inhalt und Form ihres Lernens bestimmt. Selbstverständlich wird ihnen nicht erlaubt, allein zu spielen und wenn es ihnen paßt. Ihre Spiele sollen öffentlich sein und kollektiv. Es kommt dabei nicht nur auf gute Kondition und kräftige Muskeln an. Sie sollen im frühen Alter an Regeln, an Gleichheit und Brüderlichkeit, an Wettbewerb gewöhnt werden, an ein Leben unter den Augen ihrer Mitbürger und mit dem Ehrgeiz nach öffentlicher Anerkennung.

Ich würde auch beim Training der Kinder die Zuteilung von Siegesprämien nicht dem Belieben der Lehrer (hier denkt er an die Jesuiten!) und dem Zufall überlassen, sondern dem Zuruf und dem Urteil der Zuschauer. Man kann sich auf ihr Urteil verlassen, besonders, wenn die Spiele attraktiv und dramatisch gestaltet sind. Dann werden es sicher alle Männer von Ehre, alle guten Patrioten, als Pflicht und Vergnügen empfinden, dabei zu sein."

Die Vision vom Menschen als dem reinen Kind der Natur, das auf dem Land ohne Berührung mit der zerstörerischen Zivilisation erzogen werden sollte,

schlägt bereits im Denken Rousseaus um in die Forderung Spartas nach kollektiver Erziehung aller Kinder zum Staatsbürger ohne Privatleben.
Diese Forderung findet sich ausgearbeitet in Rousseau's Vorschlag zu einer neuen Verfassung Polens. Von da zur Dressur der Kinder durch den Staat für den Staat ist kein weiter Weg mehr. Solche Gedanken liegen bereits in der Luft. Es kündigt sich an, daß Kinder nicht mehr Gottesgabe oder elterliche Verpflichtung sein sollen, sondern Staatsgut. In die leidenschaftliche Debatte des 18. Jahrhunderts über Kindesmord, Abtreibung und Findelhäuser mischen sich neben ethischen auch bevölkerungs- und militärpolitische Erwägungen.
Man sieht das auch daran, daß sich die Behörden mit einem Male für Bevölkerungsstatistik zu interessieren beginnen. In Paris zum Beispiel wurden zwischen 1740 und 1749 den Findelhäusern 32 917 Kinder übergeben. Im folgenden Jahrzehnt stieg diese Zahl auf mehr als das Doppelte. Innerhalb von zwanzig Jahren wurden also annähernd hunderttausend Kinder einem ungewissen Schicksal überlassen oder, was dasselbe bedeutet, der öffentlichen Fürsorge übergeben.

Tod und Kind/Tod und Mutter. Kupfer von Daniel Chodowiecki (Kuperstichkabinett Dresden)

Die Kirche im Frankreich des 17. und 18. Jahrhunderts übernahm durch die Einrichtung des ‚tour des enfants abandonnés' – der ‚Drehlade' der verlassenen Kinder – eine wichtige Hilfsfunktion in der *anonymen* Aufnahme neugeborener Kinder, deren Mütter sie kurz nach der Geburt in eine dafür eigens an der Kloster- oder Kirchentür angebrachte Drehlade legen konnten, die die Identität der Mutter verbarg. Das Baby wurde auf der anderen Seite von Nonnen entgegengenommen und ging damit in deren Verantwortung und Pflege über. (Musée de l'Assistence Public, Paris)

Drehlade für die ‚verlassenen Kinder' am Hôpital Saint Vincent de Paul, Cour de Provins. Aufschrift auf den Schildern, links: die Lade des allgemeinen Krankenhauses hat von 1823 bis 1859 gedient, 1278 Kinder sind hier abgegeben worden. Rechts: Legen Sie das Kind hinein, drehen Sie den Apparat und klingeln Sie.

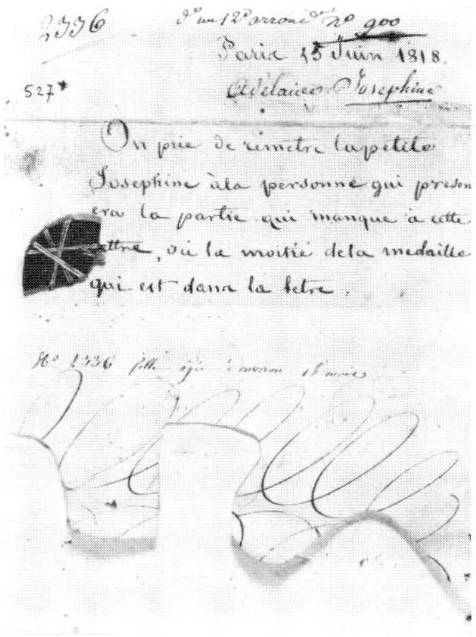

2336 d° au 12e arrond° N° 900

Paris 15 Juin 1818.

527* Adelaide Josephine

On prie de remettre la petite Josephine à la personne qui présentera la partie qui manque à cette lettre, où la moitié de la medaille qui est dans la letre.

N° 2336 fille âgée d'environ 15 mois

Abb. links: ‚Signe de Reconnaissance', Erkennungszeichen vom 15. Juni 1818 von Josephine Adelaine. „Es wird darum gebeten, die kleine Josephine zu der Person zurückzubringen, die den zweiten Teil dieses Briefes vorlegen kann, oder die Hälfte der Medaille, die sich im Brief befindet." Nr. 2336, Mädchen von etwa 15 Monaten. Die sogenannten Wiedererkennungsbriefe ließen die Mütter für sich ausstellen, teilten sie in zwei Hälften und gaben die eine ihrem Kind mit auf den Lebensweg für den Fall, daß sie durch dieses Zeichen wieder zusammengeführt würden. (Musée de l'Assistance Public, Paris)

Abb. rechts: Registerbuch der Pariser Waisenkinder: Verteilung von Kindern unter zwölf Jahren aufs Land. Nr. 4964, geboren am 22. November 1812 figuriert im Registerbuch als Nr. 121 namens Leguillon Victoire, Bernardine (Musée de l'Assistance Public, Paris)

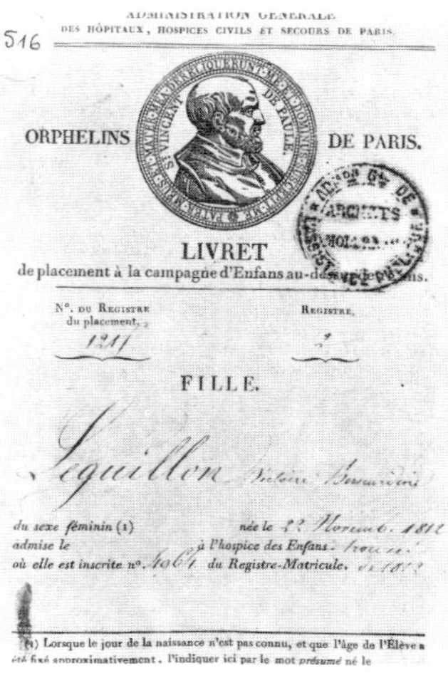

ADMINISTRATION GÉNÉRALE
DES HÔPITAUX, HOSPICES CIVILS ET SECOURS DE PARIS.

516

ORPHELINS DE PARIS.

LIVRET
de placement à la campagne d'Enfans au-dessous de 12 ans.

N°. du Registre du placement, 121 — Registre, 2

FILLE.

Leguillon Victoire Bernardine

du sexe féminin (1) née le 22 Novemb. 1812
admise le à l'hospice des Enfans trouvés
où elle est inscrite n°. 4064 du Registre-Matricule.

(1) Lorsque le jour de la naissance n'est pas connu, et que l'âge de l'Élève a été fixé approximativement, l'indiquer ici par le mot *présumé* né le

Abb. links: Das Ammenwesen und das Elend, das sich damit verband, wurde häufig unter dem Mantel der ,Wohltätigkeit' dargestellt, wie auf dem Gemälde von F. Fontebasso (1709–1769), La charité: eine Amme bzw. Mutter nährt gleichzeitig zwei Säuglinge (Musée Ingres, Montauban)

Abb. rechts: Fragonard (1732–1806), Besuch bei der Amme (National Gallery of Art, Washington D. C.)

Für das Jahr 1780 schätzte der Chef der Pariser Polizei die Einwohnerzahl der Stadt auf eine Million zweihunderttausend. Jährlich wurden 21 000 Kinder lebend geboren. Davon kamen 17000 aufs Land zu einer Amme. Dreitausend endeten im Findelheim. Siebenhundert stillte eine Amme im Elternhaus. Nur Siebenhundert wurden von der Mutter genährt.
Die Zahl der Abtreibungen und heimlichen Kindesmorde kann man nicht schätzen. Wieviel Kinder im ersten Lebensjahr starben, ist für Paris nicht verbürgt, in ländlichen Gemeinden Frankreichs waren es zwischen 25 und 30 Prozent. Zum Vergleich: In Sigmaringen waren es damals 48 Prozent. Jean Jacques Rousseau nahm als gegeben an, daß die Hälfte aller Kinder vor dem 8. Lebensjahr stirbt. Er war nicht im Besitz des statistischen Materials, das der heutige Historiker aus den Regionalbeschreibungen des XVIII. Jahrhunderts gewinnen kann. Hätte Rousseau das gekannt, hätte er zu seiner Überraschung festgestellt, daß die Kindersterblichkeit in Frankreich drastisch abnahm; der Beginn dieser Entwicklung fällt etwa mit der Veröffentlichung des Emile zusammen und beschleunigt sich bis zum Ende des Jahrhunderts.
In mancher Hinsicht ist das ein Verdienst Rousseaus. Muttermilch war noch etwas mehr „Natur" als Ammenmilch. Seine Polemik gegen das Wickeln der Kinder trug Früchte – und ganz ohne Zweifel sind es

diese beiden Faktoren, die den französischen Kindern eine größere Überlebenschance gaben. Wer das Kleinkind selbst stillt und nicht wickelt, muß sich häufig mit ihm beschäftigen. Das ist die Voraussetzung für den zärtlichen Kontakt, den das kleine Menschenkind braucht, wenn es sich körperlich und seelisch gesund entwickeln soll.

Dieser Kontakt, um nicht zu sagen: diese Mutterliebe ließ in den vorangehenden Jahrhunderten zu wünschen übrig. Jean Jacques Rousseau gab nicht den Anstoß zu einer gründlichen Veränderung des Verhältnisses zwischen Mutter und Kind, aber er fühlte wohl, was sich in der neuen Atmosphäre der Empfindsamkeit begab; seine Fähigkeit, eine Situation durch ein Wort wie durch einen Blitzschlag zu erhellen, machte die Öffentlichkeit aufmerksam.

Plötzlich bemerkte der örtliche Arzt tadelnd, was das zum Beispiel für Mütter in der Umgebung der Stadt Laval waren:

„Hier kümmern sie sich um die Kinder nur mit dieser phlegmatischen Ruhe, die für ihr träges Temperament kennzeichnend ist. Wenn sie sie auf dem Arm halten, wenn sie sie an der Hand führen, so in Stille, so in dem Schweigen der Ergebenheit in ihre Pflichten, die die Mütter und Bediensteten genauestens ausführen, aber über die sie selten hinausgehen. Sie singen nicht, sie sprechen nicht mit dem Kind, sie versuchen nicht, seine Sinne zu wecken; sie unternehmen keine Anstrengung, die Gefühle des Kindes durch lustige Spielereien oder durch die Neckereien, die der mütterlichen Zärtlichkeit entspringen, zu wecken."

(J.-B.-D. Bucquet, Topographie medicale de la ville de Laval, Manuskript von 1808. Veröffentl. Angers 1894)

Wie sollte aber die Mutter mit dem Kind spielen können, wenn es Hände und Arme nicht bewegen und das Gesicht nicht drehen konnte? Aus dem Jahre 1772 haben wir die Schilderung eines Dr. Gilibert (L'Anarchie medizinale, Neuchatel, 1772):

„Die Amme streckt den Säugling auf einem Brett oder einer Strohmatratze aus und zieht ihm ein kleines Hemd oder eine grobe zerknitterte Windel an, über die sie die Wickelbänder anzulegen beginnt. Sie drückt die Arme des Säuglings gegen seine Brust, zieht dann das Band unter den Achselhöhlen durch, wodurch die Arme fest an ihren Platz gedrückt werden. Immer herum und immer enger wickelt sie das Band bis hinunter zum Gesäß, wo sie die Windel zwischen die Oberschenkel des Säuglings drückt, und dann die kleinen Geschlechtsteile mit dem großen Wickeltuch umhüllt. Sie wickelt es bis ganz hinunter zu den Füßen und bedeckt nach dieser gründlichen Arbeit den Kopf des Babys mit einer Haube, breitet darüber ein Kopftuch, das bis zu den Schultern herabhängt, und befestigt es mit Nadeln. So sieht das Wickeln eines Babys aus."

Es war ein Teufelskreis: Das Kind wurde gewickelt, weil die schwer auf dem Feld arbeitende Bauersfrau es nicht beaufsichtigen konnte. Sie ließ es hinter dem Ofen, da lag es viele Stunden lang in seinen eigenen Exkrementen, infizierte sich, wurde krank und starb, und wenn das immer wieder von einem Säugling zum anderen geschah, stellte sich jenes abwehrende Desinteresse am Kind ein, das man bis in die Mitte des 19. Jahrhunderts in bäuerlichen Kreisen beobachtet. Die Frauen wissen nicht, wie alt ihre Kinder sind, geben ihnen die Namen verstorbener Kinder und haben vergessen, wieviel Kinder sie bereits verloren haben.

Dieser Teufelskreis wird im späten 18. Jahrhundert durchbrochen. 1786 berichtet ein Pariser Arzt (M. de Chambaud, Essais sur l'histoire medico-topographique de Paris): „Die klugen Lehren Lockes über die Kindheit sind durch die beredte Feder Rousseaus verbreitet worden und haben angefangen, in dieser Stadt Früchte zu tragen. In den oberen Ständen haben seit einigen Jahren immer mehr Mütter entdeckt, daß die Unannehmlichkeiten des Stillens durch viele Freuden und Vorteile aufgewogen werden. Die Leute räumen jetzt den Kindern mehr Freiheit ein. Der Brei ist aus ihrer Umwelt verbannt worden und die Kinder erhalten mehr Bewegung."
Aus der kleinen Stadt Nemours wird 1785 berichtet: hier „stillen die wohlhabenden Frauen ihre Kinder

selbst. Aber die Kinder des einfachen Volkes werden zu Ammen gegeben, damit die Frauen ohne Behinderung arbeiten können."

Schließlich künden zwei Zeugnisse aus der Zeit der französischen Revolution mit Stolz von den erzielten Fortschritten: „Die Argumente der Philosophie gegen den Brauch, Kinder an gedungene Ammen zu geben, sind in den Städten dieses Departments (de la Meurthe) gut aufgenommen worden. Man sieht kaum noch eine Mutter, die nicht stillt, während vor zwanzig Jahren die Situation genau umgekehrt war. Die Zählung von Ende 1796 bestätigt, daß 98 Prozent der Säuglinge von ihren Müttern ernährt wurden. Ohne Zweifel ist diese Unterwerfung unter die Gebote der Natur eine der Ursachen für die deutliche Senkung der Kindersterblichkeit."
(Marquis, Memoire statistique du departement de la Meurthe, Paris 1805)

Die Statistik des Departments Mont-Blanc vom Jahre 1807 berichtet von „glücklichen Fortschritten" im Stillen durch die Mutter. „Die Ausübung dieser Pflicht macht die Mütter auch einer anderen Pflicht geneigt, nämlich auf die Kinder während der frühen Kindheit gut acht zu geben."

Das waren nicht nur die üblichen Erfolgsberichte untergeordneter Behörden in dem militärisch sehr angestrengten Staat Napoleons. Die Kindersterblichkeit nimmt in Frankreich von nun an tatsächlich ab. In das Verhältnis zwischen Eltern und Kind zieht viel mehr Zärtlichkeit ein, als vorher zu beobachten war. Es könnte keine schönere Ursachen- und Wirkungsbeziehung geben, als diese zwischen mehr Liebe und weniger Tod.

In England war das Wickeln bereits zu Ende des 18. Jahrhunderts ein Ding der Vergangenheit. In Nordamerika scheint es nie richtig Fuß gefaßt zu haben. In Mitteleuropa dagegen blieb es bis zur Mitte des 19. Jahrhunderts allgemeiner Brauch; demgemäß sinkt die Kindersterblichkeit in Deutschland viel langsamer und hinkt in einem Abstand von fünfzig Jahren hinter der französischen Entwicklung her.

Dabei hatten die Landesfürsten aus wirtschaftlichen Erwägungen allen Grund, sich mehr Untertanen zu wünschen. Besonders ein Staat wie Preußen, dessen Heer nur dank der quasi-Dienstpflicht der bäuerlichen Bevölkerung auf seiner unnatürlichen Stärke gehalten werden konnte. Friedrich der Große verurteilte sicher nicht aus ethisch-religiösen Gründen die Kindesabtreibung als das schwerste und verbreitetste Verbrechen in seinem Staat. Bis in seine Regierungszeit hinein mußten Kindsmörderinnen sich selbst den Ledersack nähen, in dem man sie dann ertränkte. Diese Strafe schaffte er ab. Die Todesstrafe aber blieb. Selbst in der überschaubaren und kirchenstrengen Schweiz bildete der Kindesmord ein Problem. Niemand kannte ihren Umfang, aber bis in die letzten Jahre des 18. Jahrhunderts beeilte sich auch niemand, ihre Ursachen abzustellen; statt dessen wurden die Folgen aufs Grausamste bestraft. Heinrich Pestalozzi teilt in seiner Abhandlung „Über Gesetzgebung und Kindesmord" 1781 mit, was einem Mädchen geschieht, das außerehelich schwanger wurde:

Es mußte Buße vor dem Sittengericht erlegen. Hatte es das Geld nicht, so werden „der Elenden eiserne Ringe geschmiedet und sie muß mit den Händen die Straßen der Gerichtsstadt reinigen, bis der Wert dessen mit ihrer Arbeit bezahlt ist, was sie am frommen Bußentag nicht im Sack hatte."

An einigen Orten wurde sie von Trommlern und Pfeifern durch die Stadt geführt. Die Bürgerknaben durften ihr eine Stunde lang Kot und Hühnereier ins Gesicht werfen. Wenn sie nicht gar ins Gefängnis geworfen und mit „harten Rutenstreichen vom Gefängnisknecht aufs Blut geschlagen wurde".

Warum die Mädchen angesichts solcher Bußen lieber ihr Kind heimlich zur Welt bringen und wieder

Pestalozzi mit seinem Enkel. Bild nach dem Ölgemälde von Georg Friedrich Adolph Schöner (1774–1841) aus den Jahren, als Pestalozzis Schriften zur Erziehungsmethode konzipiert wurden. (Aus der Graphischen Sammlung der Zentralbibliothek Zürich)

Auspeitschung unehelicher Mütter am öffentlichen Pranger. Auf dem Boden liegt eine ohnmächtige Frau mit ihrem Säugling. Kupferstich von Daniel Chodowiecki.

Pestalozzis Sohn Jean-Jacques. Aquarell von M. Wocher, 1783.

aus ihr entfernen versuchten, das versuchte Pestalozzi psychologisch begreiflich zu machen. Er forderte die Einsetzung von Gewissensräten, deren wichtigste Arbeitsgrundlage die Schweigepflicht ist. Der Gedanke wurde erst 150 Jahre später aufgegriffen. Manche seiner Überlegungen sind gesetzlich auch heute noch nicht nachvollzogen. Zum Beispiel die:
„Für den Staat ist ein uneheliches Kind insofern ein Schaden, als es nicht recht erzogen wird. Für die Menschheit ist ein uneheliches Kind unzweideutig ein Gewinn, wenn es recht erzogen wird. Und für Vater und Mutter ist ein uneheliches Kind ein Band ihrer Menschlichkeit und ein Mittel ihrer Besserung, solange sie es ungekränkt lieben dürfen. Es wird ihnen aber zur Quelle ihrer letzten Verheerung, wenn sein Dasein ihnen ihr Leben vergiftet."

Das große Vorbild Pestalozzis war Rousseau. Er nannte seinen Sohn nach dem Verfasser des „Emile" Jean Jacques und versuchte, ihn im Sinne seines Lehrmeisters bis zum zwölften Lebensjahr nur durch die Natur und ohne Lese- und Schreibunterricht zu erziehen.
Rousseau lehnte es ab, Kinder armer Leute zu erziehen. Ihre Bahn sei ohnehin durch den Zwang trauriger Umstände vorgezeichnet. Pestalozzi dagegen wollte gerade die Kinder der Ärmsten erziehen;

Pestalozzi beim Unterricht. An der Wand von P. entwickelte Tafeln zur Veranschaulichung des Rechenunterrichts und Tabellen aus seinem ‚ABC der Anschauung'. Nach einer Zeichnung von Gottholt Christoph Wilhelm Busolt, 1809.

Aus den Tafeln zu J. B. Basedows ‚Elementarwerk'; 1783: Moralunterricht über die Vorteile von unermüdlichem Fleiß und Sparsamkeit – Blick in die Wohnung eines Färbers, die ganze Familie arbeitet. Kupferstich von D. Chodowiecki (Landesbibliothek Wolfenbüttel)

nicht damit sie reich werden sollten, sondern um sie zu befähigen, sich in der Armut zurechtzufinden. Sein Ziel war, die Kräfte der Selbsthilfe zu wecken, die er in jedem Kind vermutete. Die Kranken, Armen und Waisenkinder, die er während der napoleonischen Kriege aufsammelte, lernten nicht nur lesen. Sie taten für ihren Unterhalt Landarbeit. Sie spannen und webten. Nicht unter Zuchthausdrill wie im Spinnhaus, sondern weil Pestalozzi „das Lernen mit dem Arbeiten, die Unterrichts- mit der Industrieanstalt" verbinden wollte. Er hatte es mit den Kindern der Unterschicht zu tun. Das bestimmte seine Methoden: „In der Welt lernt der Mensch nur aus Not oder Überzeugung. Wenn er keine Not leidet und sich nicht mit Vernunft leiten lassen will, so wird er abscheulich." Es kam ihm deshalb auch gar nicht bedenklich vor, wenn er seinen Zöglingen hin und wieder einen Jagdhieb versetzte. Sentimental war er nicht:

„Manche Pädagogen glauben, sie könnten sich mit bloßen Worten des Geistes und Herzens einer Schar von Kindern bemächtigen. Sie brauchen körperliche Strafen nicht! Aber das ist nur bei glücklichen Kindern ausführbar. Und in glücklichen Lagen. Bei meinen Bettelkindern und bei ihren eingewurzelten Gewohnheiten war der Nachdruck körperlicher Strafen wesentlich. Die Sorge, dadurch das Vertrauen der Kinder zu verlieren, ist ganz unrichtig. Es ist der Grad Deiner Neigung oder Abneigung gegen sie selber, die die Gefühle der Kinder gegen Dich bestimmt. Meine Ohrfeigen können keinen bösen Eindruck auf meine Kinder machen, weil ich den ganzen Tag mit meiner ganzen, reinen Zuneigung hinter ihnen stehe."

Pestalozzis Einstellung zum Kind, besonders zu dem der Armen, beginnt erst später in die Breite zu wirken. Im 18. Jahrhundert war es überall sonst in deutschen Landen das Kind wohlhabender Eltern

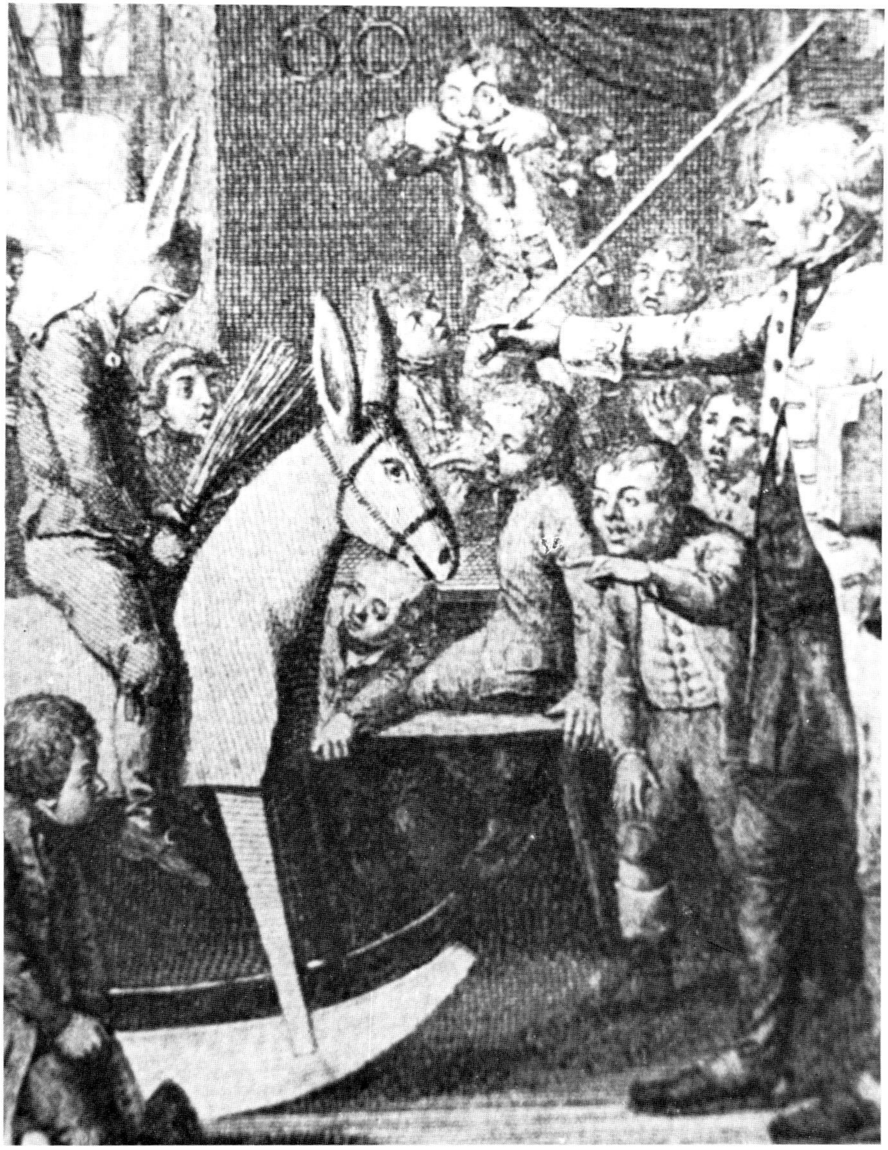

Blick in das Innere einer Dorfschule. Der ‚faule Schüler' trägt die Eselskappe, von seinen Mitschülern verhöhnt. Der Lehrer schwingt den Stock. Kupferstich von Joh. Mettenleiter (um 1800). Graphische Sammlung der Bayerischen Gemäldesammlungen München.

Buchstabe ‚g', Die Geis und die Geislein aus Joachim Heinrich Campes (1746–1818) Bilder Abeze, erstmals 1806 erschienen. Kolorierter Kupferstich (Landesbibliothek Wolfenbüttel)

Knaben und Mädchen in der Isolation der Kinderstube. Joan Baptiste Siménon Chardin hat sie portraitiert: (1699–1779):

Der Knabe mit dem Kreisel (Paris, Louvre)

Die junge Lehrerin (London, National Gallery)

aus Adels- oder behaglichen Bürgerfamilien, für welches Schulen eingerichtet, Lehrer engagiert, illustrierte Lesebücher gedruckt, neue Kleidungsstücke eingeführt und neue Erziehungstheorien aufgestellt wurden. Dabei fällt die Tendenz zur Isolierung, zur Schutzverpackung des Kindes auf. Es wird in der „Kinderstube" groß und nicht mehr zwischen den Erwachsenen, in einer weitläufigen Familie von Großeltern, Tanten dritten Grades, Geschwistern, Dienstboten und deren Kindern. Es wird möglichst für sich gehalten oder allenfalls mit seinesgleichen in ein Internat gesperrt. Es wird geschützt vor dem Laufburschen des Perückenmachers, vor Gassenjungen, Akrobaten und sonstigen unstabilen Elementen der Gesellschaft. Man denke nur an die behütete Welt des jungen Goethe am Hirschgraben in der Freien Reichsstadt Frankfurt. Was wäre aus ihm geworden, hätte er nicht eine so ursprünglich gescheite Mutter gehabt! Ein Blick in die Anweisungen des Hamburger Pädagogen und Rousseau-Verehrers Johann Bernhard Basedow zur Erziehung kleinerer Kinder zeigt, daß aus Rousseaus *Natur* im

Das Tischgebet, 1740 (Paris, Louvre)

Kopf eines deutschen Pädagogen durchaus ein Reglement, eine Dressur werden konnte:
„Kleine Kinder sitzen niemals auf Stühlen, sondern auf Bänken; sie haben hölzerne Löffel, Messer und Gabel oder von Knochen. Sie haben kein Behältnis, ihnen zugehörige Sachen selbst zu verwahren. Eine Nadel oder ein Schlüssel ist etwas, das sie ohne Erlaubnis nicht anrühren dürfen. Auch dürfen sie kein Schreibzeug nach Gefallen brauchen, nicht reines Papier, Feder, Tinte, Bleifeder, Griffel, Schreibtafel, Rechentafel, Rötel, Kreide usw. In der zweiten Kindheit aber wird alles dieses erlaubt, außer in besonders verbotenen Fällen, und man gibt ihnen eine Schreibtafel mit Zubehör in die Tasche.
Den kleinen Knaben ist an dem Peitschenstock nur Wollfaden erlaubt, sie haben nur fünf Kegel und keine andere Kugel als kleine Bälle. Sie haben nicht das geringste werfbare, schwere oder zugespitzte und scharfe Werkzeug zum eigenmächtigen Gebrauch bei ihren Spielen. Sie dürfen ohne besondere Erlaubnis die Flamme des Lichts, auch nicht mittelbar, berühren; nichts ins Feuer, nichts ins Wasser, nichts in einen Abort werfen, und sich, außer mit Bällen, durch Werfen nicht ergötzen."

Illustrationen zu den Anweisungen Johann Bernhard Basedows in seinem 1774 erstmals erschienenen ‚Elementarbuch für die Jugend und für ihre Lehrer und Freunde in gesitteten Ständen' mit Kupferstichen von Daniel Chodowiecki, die 1783 folgten (Landesbibliothek Wolfenbüttel)

‚Sie haben kein Behältnis, ihnen zugehörige Sachen selbst zu verwahren. Eine Nadel oder ein Schlüssel ist etwas, das sie ohne Erlaubnis nicht anrühren dürfen.'

‚Sie dürfen ohne besondere Erlaubnis die Flamme des Lichts, auch nicht mittelbar, berühren; nichts ins Feuer, nichts ins Wasser, nichts in den Abort werfen, und sich, außer mit Bällen, durch Werfen nicht ergötzen.'

‚Sie haben nicht das geringste werfbare, schwere oder zugespitzte Werkzeug zum eigenmächtigen Gebrauch bei ihren Spielen.'

‚Die älteren Kinder müssen vielleicht nicht bei Tisch *sitzen;* sie müssen schlechteres Tischgerät haben als ihre Eltern und die erwachsenen Freunde, damit Gelegenheit bleibt, die Kinder in der Unterwerfung und im Kampf gegen die Anfälle der Sinnlichkeit und des Neides zu üben.'

‚Auch dürfen sie kein Schreibzeug nach Gefallen brauchen, nicht reines Papier, Feder, Tinte, Bleifeder, Griffel, Schreibtafel, Rechentafel, Kreide usw. In der zweiten Kindheit aber wird alles dieses erlaubt, außer in besonders verbotenen Fällen, und man gibt ihnen eine Schreibtafel mit Zubehör in die Tasche.'

‚Dem kleinen Knaben ist an dem Peitschenstock nur Wollfaden erlaubt, sie haben nur fünf Kegel und keine andere Kugel als kleine Bälle.'

Tafel aus dem von Christian Gotthilf Salzmann herausgegebenen ‚Taschenbuch zur Beförderung der Vaterlandsliebe', 1801. Es veranschaulicht die Forderungen der philantropistischen Pädagogik: körperliche Erziehung, Religionsunterricht ohne Dogmen, Lernen von der Natur. (Salzmann war Professor am Philantropinum in Dessau und Gründer der Erziehungsanstalt in Schnepfenthal). Landesbibliothek Wolfenbüttel

Größter Wert wurde von allen Erziehern auf deutliche Rangunterschiede zwischen verschiedenen Lebensaltern, besonders aber zwischen Kindern und Erwachsenen gelegt. Basedow verfertigte eine eigene Schrift darüber. Darin findet sich das folgende:
„Die älteren Kinder müssen vielleicht nicht bei Tisch *sitzen;* sie müssen schlechteres Tischgerät haben als ihre Eltern und die erwachsenen Freunde. Sie müssen nur an den beiden ersten Gerichten ihren Anteil haben, alsdann vom Tisch gehen und der Gesellschaft aufwarten; diese Aufwartungen können verschiedene Grade der Würde haben, z. B. etwas vorzulesen, ein Gericht vorzulegen, das Tischgerät zu wechseln usw. Der Nachtisch wird zwar den Kindern am meisten gefallen; aber ordentlicherweise muß ihnen davon nichts oder sehr wenig gereicht werden, damit Gelegenheit bleibt, die Kinder in der Unterwerfung und im Kampf gegen die Anfälle der Sinnlichkeit und des Neides zu üben."
Der Kampf gegen die „Anfälle" der Sinnlichkeit nimmt nun einen immer breiteren Raum in der Erziehung ein. In der „Kleinen Seelenkunde für Kinder", die J. H. Campe im Jahre 1780 in Hamburg veröffentlicht, ruft der artige Knabe: „Oh pfui, ich wollte, daß wir den Trieb nicht hätten." Dieser Teil der Natur war den Pädagogen gar nicht willkommen, auch wenn sie, wie Campe in seiner vielgelesenen Adaption des „Robinson", den guten Wilden oder das Kind in seiner ursprünglichen Natürlichkeit als Ideal beschworen.
Im Deutschland der ausgehenden Aufklärung wird verordnet und reglementiert, so als hätten Locke und Rousseau, auf die sich alle berufen, gar nicht wirklich existiert. Basedow gründet 1774 in Dessau eine Erziehungsanstalt, deren fortschrittliche Lehrmethoden mit ihrer Aktivierung der kindlichen Phantasie eine zeitlang Bewunderung erregten. Aber aus der Einladungsschrift läßt sich schon entnehmen, daß diese Anstalt eher der Dressur als der Natur diente. Sie soll nämlich „Reiche für Geld zu Menschen, Ärmere für wenig Geld zu Schullehrern" bilden. Dabei haben dann die letzteren gesiegt.

Geschöpf oder Schöpfer

Das Industriezeitalter

Auf dem Lande wie im städtischen Handwerk und Gewerbe mußten Bauern- und Handwerkerkinder frühzeitig zum Unterhalt der Familie beitragen: Schuhputzerjunge wichst die Stiefel eines Galan auf dem Stadtplatz. Pastellzeichnung des Empiremalers Leopold Boilly.

Ein Werbeblatt für Pear's Seife mit Kindern beim Waschen, viktorianisches England. (Victoria and Albert Museum London)

Damit dieses Buch nicht in eine Geschichte der Erziehungstheorien einmündet, wollen wir daran erinnern, daß Kindheit mehr ist, als Erzogenwerden. Wie das Kind sich fühlt, was es trägt und ißt, wie sich sein Verhältnis zu Geschwistern, Geld, Gut, Gott, Gesundheit entwickelt, wird durch Erziehung nur mittelbar berührt. Auch die Erfahrung, die das Kind mit Erwachsenen macht, deren einer es einmal werden wird, liegt zu weiten Teilen außerhalb des Erziehungsbereichs. So die Behandlung durch Ärzte, Hebammen, Hexen, Dienstboten, Straßenbahnschaffner und Sklaven.

Ganz gewiß gehörte z.B. die Fabrikarbeit von Kindern nicht zur Erziehung – obwohl sie von Erziehern wie Pestalozzi auch so verstanden werden konnte. Für eine inzwischen wohl abgeschlossene Epoche der westlichen Wirtschaftsgeschichte war industrielle Kinderarbeit eine Realität. Kinder mußten sich auf sie einstellen und ihre Folgen tragen, körperlich und seelisch. Kinder haben immer gearbeitet. Als Zofen und Pagen, als Hirtinnen und Hütebuben, als Holz- und Pilzsammler, als Lehrlinge in den Handwerksstuben, als Mägde in Wäschereien und als Näherinnen unter dem Dach. Bis zum 18. Jahrhundert hielt sich das im Rahmen der Familie und Nachbarschaft. Seit 1750 standen Kinder in den Fabriken als erste Opfer der industriellen Revolution. Sie wurden als Maschinenzubehör eingesetzt, solange die Maschine nicht automatisiert genug war. Ihre kleinen Finger waren an den Spindeln der englischen Textilfabriken geschickter als die von Erwachsenen. Außerdem waren sie billiger zu haben.

Es gab wohl auch vorher schon zahlreiche Mädchen, die sich in den königlichen Gobelin-Werkstätten Frankreichs ihre Mitgift verdienten. Aber das war die Ausnahme, während nun in England die Fabrikarbeit von Kindern zur festen Einrichtung wurde. Es dauerte ungefähr ein Jahrhundert, ehe Kinderarbeit in der Industrie unter gesetzliche Kontrolle gebracht, und ein weiteres Jahrhundert, ehe sie in Europa und Nordamerika abgeschafft war. Die Größe des Problems wird aus einer Zahl des Jahres 1839 ersichtlich. Damals waren in England 420000 Menschen in Fabriken beschäftigt. Nahezu die Hälfte war unter 18 Jahre alt. Die andere Hälfte bestand in der Mehrzahl aus Frauen. So waren die Kinder doppelt betroffen. Entweder arbeiteten sie selbst in der Fabrik, oder sie mußten ohne die dort arbeitende Mutter auskommen.

Kind hilft beim Austragen von Milch und Brötchen am frühen Morgen. Hunde ziehen den Holzkarren. Zeichnung von 1872.

Kinderarbeit in der Glasbläserei, Zeichnung von 1889.

Conrad Felixmüller, Zeitungsjunge, 1928. Altenburg. Staatliches Lindenau Museum.

Der industrielle Frühkapitalismus war die ‚klassische' Zeit der Kinderausbeutung. Unter elendsten Lebensbedingungen wurden sie zu schwerer körperlicher Arbeit eingesetzt: Kinderarbeit in einem englischen Kohlenbergwerk. Um 1840.

Kinder und Frauen in einer Baumwollspinnerei, an ungeschützten Maschinen. Im Hintergrund der Aufseher mit der Peitsche in der Hand. Damit schlug er die Kinder, wenn sie einzuschlafen drohten. Um 1840–50.

Kinderarbeit in der Buntfabrik von Dessauer in Aschaffenburg – „bleiche Gesichter, matte, entzündete Augen, aufgeschwollene Leiber ... Drüsenanschwellungen, Hautausschläge, asthmatische Zufälle ..." Aus der Leipziger Illustrierten Zeitung, 1858.

Lehrling in einer Böttcherwerkstatt. Holzschnitt von Jost Ammann (1539–1591)

Kinder Obdachloser beim Verfertigen von Zigarrenkisten, anonyme Zeichnung, 1857.

Gewöhnlich fingen die Kinder mit 9 Jahren in der Fabrik an. Es gab auch welche von 5, 6 und 7 Jahren. Sie standen in der zweiten Hälfte des 18. Jahrhunderts manchmal 14 oder 16 Stunden täglich hinter den Maschinen. Häufig entstammten sie den Armenhäusern und wurden den Fabrikanten als „Lehrlinge" vermietet. Ähnliches hatte schon das Mittelalter gesehen. Aber die traditionellen Pflichten im Verhältnis Meister und Lehrling waren einseitig geworden. Der Fabrikant sorgte nicht mehr für Ausbildung, Familienanschluß und christliche Erziehung, sondern kasernierte die „Lehrlinge", bekleidete und beköstigte sie auch, behandelte sie aber sonst ganz wie Sklaven, die man notfalls an die Maschinen kettet, jedenfalls barbarischen Strafen unterwirft, wenn sie nicht parieren.

Es gab weder Unfallschutz noch Bestimmungen gegen Rauch, Staub, Lärm, Hitze, Giftgas und Feuchtigkeit in den Fabriksälen. Die ärgsten Mißstände dieses Systems wurden 1802 abgeschafft, als das englische Parlament durch reformwillige Männer aus Fabrikantenkreisen auf die Zustände in der Industrie aufmerksam gemacht wurde. Eine proletarische Reaktion auf die Kinderarbeit gab es höchstens insofern, als Arbeiter gegen Lohndruck und Arbeitslosigkeit durch Kinder- und Frauenkonkurrenz protestierten. Man war unempfindlich gegenüber den Leiden von Kindern. Die untersten Schichten brauchten besonders lange, ehe sie sich vorstellen konnten, daß ein Kind genau so Schmerzen empfindet wie ein Erwachsener. Die Wickeltradition ist ein Beweis dafür. Die Gleichgültigkeit, mit der alle

Kreise den Kindern bei ihrer Schwerarbeit zuschauten, ist ein anderer.
Wir schöpfen unsere Kenntnis der Kinderarbeit in der englischen Industrie aus Berichten der vom Parlament eingesetzten Fabrikkommissionen. Friedrich Engels hat diese Berichte als Unterlage für seine berühmte Schrift über die Lage der arbeitenden Klasse in England verwandt. Da findet man für 1837 eine Beschränkung der Arbeitszeit für Beschäftigte unter 18 Jahren auf 12 Stunden täglich. Auch sonnabends wurde gearbeitet, wenngleich nur 9 Stunden. Nachtschichten von Kindern waren offiziell untersagt. Kinder zwischen 9 und 13 durften nicht mehr als 9 Stunden pro Tag arbeiten – höchstens 48 in der Woche. Arbeit von Kindern unter 9 Jahren war gänzlich verboten. Aber es gab gesetzlich zugelassene Ausnahmen. Zum Beispiel in der Seidenindustrie. Und es gab natürlich jede Menge geduldeter oder nur schwach bestrafter Übertretungen. Die Verhältnisse in Friedrich Engels Heimatstadt Barmen waren

Zeichnung von R. Cruikshank, 1833: Alltag in einer englischen Baumwollfabrik. Texte: ‚Warum ließest du die Spindel fallen, du junger Schurke?' – ‚Meine Finger waren so kalt, ich konnte sie nicht halten! – O Gott, schlagt mich bitte nicht tot! O mein Rücken! O Gott, verzeiht mir bitte!' – ‚An die Arbeit, Teufel, oder ich schlage euch in Stücke!'

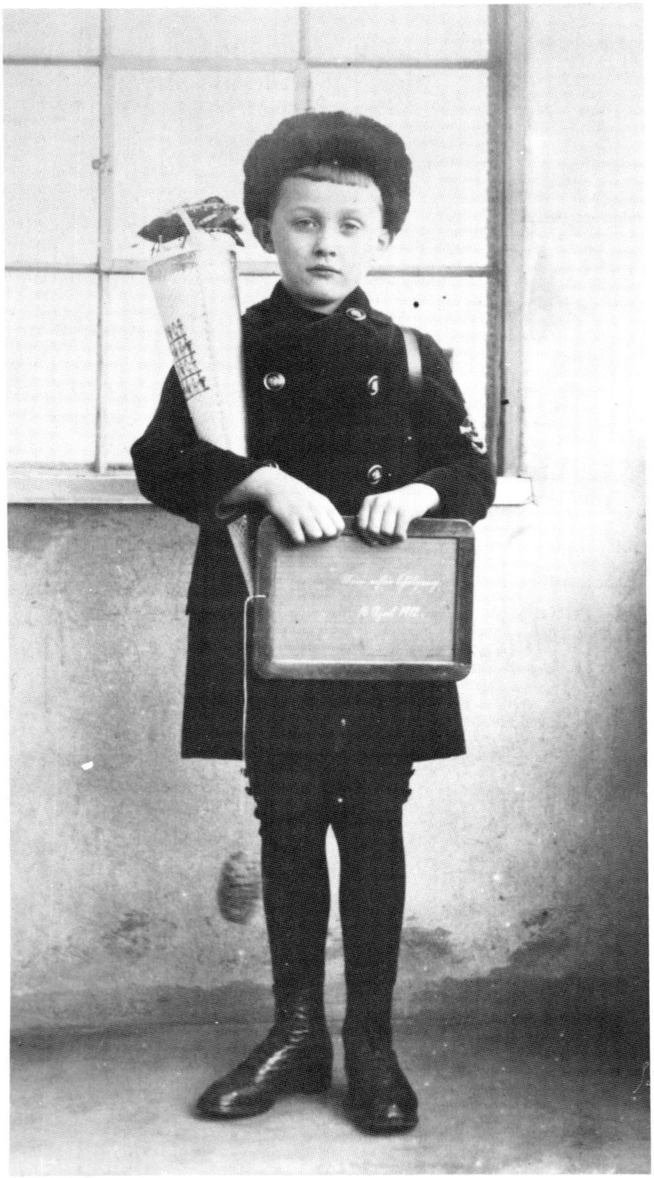

Knaben in Schuluniform, 1912 und vor dem ersten Weltkrieg (Sammlung Peter Groß)

sehr ähnlich. Wer die damals hochgepriesenen, humanitären Verhältnisse in den Textilfabriken von Lowell im amerikanischen Neu-England studieren wollte, stieß dort auf keine geringere Arbeitszeit: 13 Stunden täglich für die durchweg weibliche Belegschaft. Mädchen von 10 Jahren wechselten die Spindeln aus. Der erste aus Amerika überlieferte Streik verdient erwähnt zu werden: 1828 weigerten sich in einer Fabrik in New Jersey die Kinder, an die Arbeit zu gehen.

Schulpflicht bestand in England nicht. Die gab es nur in Preußen. Als fortschrittlich galt es, wenn sich Fabrikanten auf die Einrichtung von Schulen für die bei ihnen beschäftigten Kinder festlegen ließen. Natürlich gab es nicht genug ausgebildete Lehrer. Ein Quäker namens Lancaster kam auf die Idee, das Prinzip der Massenfertigung auf den Schulunterricht zu übertragen. In Sälen mit vielen hundert, bisweilen tausend eng zusammengepferchten Kindern, überwachte ein Lehrer, wie ausgewählte Halbwüchsige einen rasch eingetrichterten Wissensstoff an jeweils eine Gruppe kleinerer Kinder weiterreichten. Das System war in allen Einzelheiten wie das Exerzieren auf dem Kasernenhof festgelegt. Neben den kindlichen Hilfslehrern gab es sogenannte Monitoren, welche die Anwesenheitslisten führten. Andere hielten Prüfungen ab, linierten Papier und reinigten Schiefertafeln. Über allen thronte ein Obermonitor, der dem Lehrer verantwortlich war und die faulen oder fleißigen Kinder mit Täfelchen behing, auf denen geschrieben stand „schmutziger Knabe“ oder „schreibt schön“.

Was bei diesem System herauskam, läßt sich denken. Die Berichte der Schulinspektoren entwerfen ein Bild von Kindern, die zu müde waren, um auf so mechanische Weise zu lernen, und die im Endergebnis nur das Alphabet kannten und nicht mehr. Aber die „Lancaster-Methode“ mit all ihren Nachteilen war wohl besser als gar keine Methode. Jedenfalls pries man sie als einen Fortschritt, insofern nun überhaupt Kinder zur Schule gingen. Sie verbreitete sich über große Teile Europas und nach Nordamerika. In gewisser Hinsicht bildet sie den Vorläufer eines staatlichen Schulsystems. Sie geriet überall in dramatische Richtungskämpfe mit den kirchlich geleiteten Schulen. In denen kam es vornehmlich darauf an, daß die Kinder das besondere Dogma richtig aufsagen konnten, das sie von anderen Sekten unterschied. Für das Niveau des Religionsunterrichts in solchen konfessionellen Schulen ist es bezeichnend, daß Kinder „die von Paulus, Moses oder Salomon nie gehört hatten, über Leben, Taten und Charakter Dick Turpins, des Straßenräubers, und besonders Jack Sheppards, des Diebes und Gefängnisbrechers, sehr wohl unterrichtet waren!“ Man sieht, daß auch die Masseninstruktion das Interesse an wirklich wichtigen Dingen nicht abtöten kann. In Birmingham besuchte von allen Kindern zwischen 5 und 15 Jahren nur die Hälfte eine Schule. Jedoch waren von allen gefaßten Kriminellen die Hälfte jünger als 15 Jahre.

Den Gesundheitszustand in den Fabrikarbeiterfamilien des 19. Jahrhunderts kann man an der Kindersterblichkeit ablesen. In Leeds starben von 10000 Menschen 5286 vor Erreichung des 5. Lebensjahres.

Bei den Schularbeiten eingeschlafen. Aus Albert Hendschels Skizzenbuch, 1871–1894 (Sammlung Peter Groß)

Die Kleinkinder bekamen Narkotika, damit sie sich während der langen Arbeitszeit der Mütter ruhig verhielten. Zeichnung aus einer englischen Zeitschrift, das Opium steht auf dem Tisch. 1849

Auch in Manchester kamen 57 % der Arbeiterkinder um, bevor sie 5 waren. Die Mutter lief früh um 5 Uhr in die Fabrik und kehrte abends um 8 Uhr erst heim. Säuglinge wurden nicht gestillt, aber mit Opiaten zur Ruhe gebracht oder von nur wenig älteren Kindern schlecht beaufsichtigt. Zeitungsnachrichten über kleine Kinder, die Brandwunden, Knochenbrüche oder Verkehrsunfälle erlitten, waren in den Fabrikstädten immer besonders häufig. Falsche und mangelnde Ernährung führte zu Skrofeln, Rachitis, Tuberkulose und einer zweieinhalbmal so hohen Sterblichkeit wie in den Dörfern, wo die hygienischen Verhältnisse auch nicht gerade gut waren. Die Ernährungsgewohnheiten englischer und schottischer Arbeiterfamilien haben dennoch allen neueren medizinischen Erkenntnissen zäh widerstanden. Heute noch ist die Kindersterblichkeit in den Arbeitervierteln von Glasgow bemerkenswert hoch. Allen Aufklärungsfeldzügen zum Trotz fand sich 1978 in der Entbindungsabteilung eines Krankenhauses in Glasgow unter 25 Müttern nur eine, die ihr Baby nicht aus der Flasche fütterte, sondern selbst stillte, und das hinter geschlossenen Vorhängen, weil sich die Mutter genierte.

Die Kinderarbeit in englischen Fabriken hat das Agitationsmaterial abgegeben für die Sozialreformer des 19. Jahrhunderts in allen industrialisierten Ländern Europas und Amerikas. Die Gesetzgebung ist den Wellen der Empörung und Entrüstung in einigem Abstand nachgekommen. Aber noch 1910 sah man in amerikanischen Konservenfabriken Kinder von 6 Jahren, die Nachtschicht machten. Für 60 Cent am Tag trennten andere in den Bergwerkssiedlungen Pennsylvaniens die Kohle von der Schlacke. Erst Roosevelts New Deal setzte dem ein Ende. In der thüringischen Spielzeugindustrie wurden 1902 vor der Weihnachtszeit kleine Kinder in Heimarbeit bis drei oder vier Uhr nachts beschäftigt. Ein Reichsgesetz zur Kinderarbeit von 1903 stellte das unter Strafe. Man konnte aber in den Dreißiger Jahren in der erzgebirgischen Spielzeugindustrie Kinder so arbeiten sehen, als gäbe es weder Verbot noch Reich noch Gesetz, sondern nur Soldaten und Krieg. Die Ironie ist den Zeitgenossen nicht verborgen geblieben. Weihnachtsengel und Christkinder wurden von Kindern in Nachtarbeit hergestellt. Guten Absatz fand ein Spielzeug, wenn man damit „Krieg" spielen konnte. Selbst der Nußknacker trug eine Husarenuniform.

Spielwaren-Produktion im Heimarbeit-Familienbetrieb in Thüringen, 1885. Aus dem Simplicissimus.

Ein Säugling im Korbbett, ein krankes Kind in einem anderen, der Rest der Kinderschar malt mit Vater und Mutter auf engstem Raum Holzpferdchen an. Die Devise der Heimarbeiter war: je mehr Kinder, um so höher die Produktivität. Zeichnung von Arnold aus dem Simplicissimus, 1908 (Staatsbibliothek München)

„Die Kinder unseres Kaisers beim Weihnachtsspiel", Holzschnitt von William Pape (Sammlung Peter Groß)

Heimarbeit im sächsischen Erzgebirge 1909 (Sammlung Peter Groß)

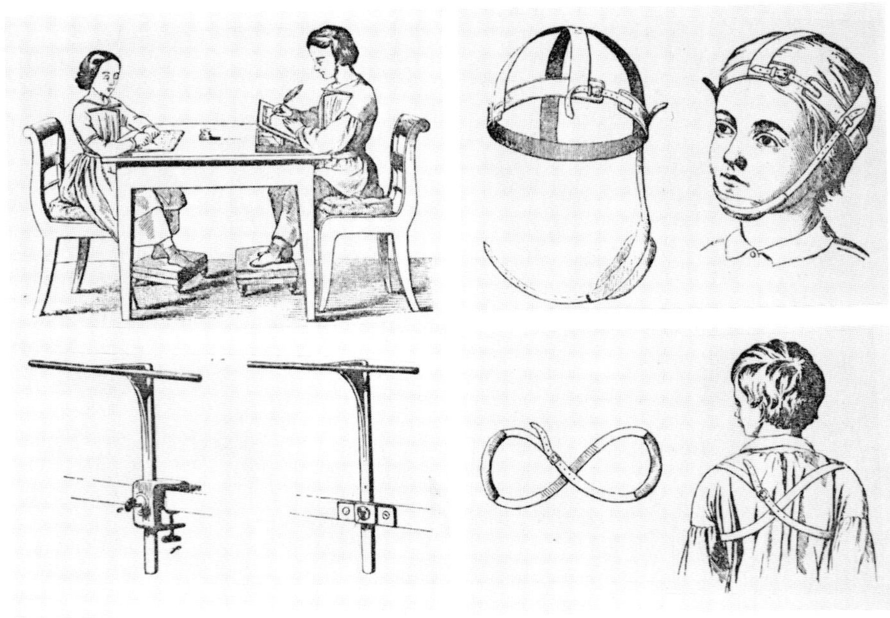

Abb. links: Vorschriftsmäßige Haltung in der Schulbank (Sammlung Peter Groß). Rechts die „Schreberschen Geradhalter“ zur Vorbeugung kindlicher Haltungsmängel beim Schreiben.

Der Anblick grauer Kindergesichter in ungelüfteten Räumen hinter gefährlichen Maschinen hat die Öffentlichkeit seit der Mitte des 19. Jahrhunderts mehr und mehr beunruhigt. Die Rekrutierungsbehörden der preußischen Armee notierten den schlechten Gesundheitszustand der Kinder aus Industrieorten. Die Ärzte neigten jetzt dazu, Krankheiten auch als Symptome sozialer Mißstände zu betrachten. In dem hochindustrialisierten Sachsen spezialisierte sich der junge Direktor des Orthopädischen Instituts an der Universität Leipzig auf Probleme der Volksgesundheit. Er rief eine Bewegung ins Leben, die unter dem Stichwort „Schreberverein“ noch heute seinen Namen trägt. In den „Schrebergärten“ sollte der Arbeiter einen Ausgleich in frischer Luft für die einseitige Tätigkeit an der Maschine finden und zugleich seine Ernährung aufbessern. Schreber propagierte die Aufstellung von Turnrecks und entwarf Anweisungen für die Heilgymnastik. Seine „Ärztliche Zimmergymnastik“ war ein angesehenes und auflagestarkes Buch. Er experimentierte besonders mit der Korrektur von Haltungsschäden bei Kindern.

Nach Rousseau'schem Muster riet er zur Einübung des gleichmäßigen Gebrauchs beider Hände bei jeder manuellen Arbeit und zu Wechselschlaf auf beiden Körperseiten. Die Apparaturen, die er unter der Bezeichnung „Schreberscher Geradhalter“ zur Vorbeugung kindlicher Haltungsmängel beim Schreiben entwarf, erscheinen uns heute als überflüssige Folterinstrumente. Sie sind jedoch in traditionsreichen Familien noch vor kurzem in Gebrauch gewesen. Das späte Biedermeier sah in ihnen ein willkommenes Mittel, dem Schönheitsideal der Zeit näherzukommen. Straff und stramm stehen, kerzengerade sitzen, jedes Zeichen der Gelöstheit und Entspannung meiden, das war Mannesideal und nicht nur beim Militär. Die Krümmungen eines Rocksängers von 1970 hätte man damals abscheulich gefunden.

Dr. Schreber gab seinen Ratschlägen auch einen moralischen Unterbau: „Das Vorfallenlassen der Schultern und des Kopfes ergibt den sprechendsten Ausdruck der Schlaffheit, Dummheit und Feigheit. Das Schulterband gehört zu den Schutzmauern, die wir gegen das krankhafte Vorherrschen der gemütlichen Seiten, gegen jene schwächliche Empfindsamkeit, die Krankheit unserer Tage, bilden. Das ist die allgemeinste Ursache der zunehmenden Häufigkeit von Lebensmüdigkeit, Geisteskrankheiten und Selbstmorden. Dagegen muß die Lebensspannkraft unterstützt werden und nichts ist besser dafür als eine straffe aufrechte Haltung."

Der Widerwille Dr. Schrebers gegen schwächliche Empfindsamkeit muß in der Öffentlichkeit damals ein großes Echo gefunden haben. Sonst wäre Dr. Schrebers Buch „Kallipaedie" („Erziehung zur Schönheit ....") nicht so verbreitet gewesen. Darin rät er Eltern, nein, beschwört er sie, alle Empfindungen des Kindes unbeachtet zu lassen, dafür aber mit List, Gewalt und Beharrlichkeit jeden Eigenwillen zu brechen, und zwar von der Geburt an. Er drückt das so aus:

„Unsere ganze Einwirkung auf die Willensrichtung des Kindes erstreckt sich auf die Gewöhnung an unbedingten Gehorsam. Es darf in dem Kinde der Gedanke gar nicht aufkommen, daß sein Wille herrschen könne. Vielmehr muß die Gewohnheit, seinen Willen dem Willen der Eltern oder Erzieher unterzuordnen, in ihm unwandelbar gefestigt werden. Als die ersten Proben, an denen sich die geistig-erzieherischen Grundsätze bewähren sollen, sind die durch grundloses Schreien und Weinen sich kundgebenden Launen der Kleinen zu betrachten. Hat man sich überzeugt, daß kein richtiges Bedürfnis, kein lästiger oder schmerzhafter Zustand, kein Kranksein vorhanden ist, so kann man sicher sein, daß das Schreien eben nur der Ausdruck einer Laune, einer Grille, das erste Auftauchen des Eigensinns ist. Man darf sich jetzt nicht abwartend dabei verhalten, sondern muß in positiver Weise entgegenwirken: durch schnelle Ablenkung der Aufmerksamkeit, ernste Worte, drohende Gebärden, Klopfen ans Bett oder, wenn dies alles nichts hilft, durch natürlich entsprechend milde, aber in kleinen Pausen bis zur Beruhigung oder zum Einschlafen des Kindes beharrlich wiederholte, körperlich fühlbare Ermahnungen. Eine solche Prozedur ist nur ein- oder höchstens zweimal nötig, und man ist Herr des Kindes für immer. Von nun an genügt ein Blick, ein Wort, eine einzige drohende Gebärde, um das Kind zu regieren."

In seinen Diätvorschriften forderte Dr. Schreber bereits von Kindern im ersten Lebensjahre „Selbstversagung". Neben den drei Hauptmahlzeiten dürfe man sie „nichts, auch nicht das Geringste genießen" lassen. „Ein so gewöhntes Kind sitzt ruhig und heiter, tändelnd oder spielend auf dem Schoß seiner dieses oder jenes genießenden Wärterin, ohne sich auch nur im Geringsten darum zu bekümmern. Man sorge nur dafür, daß das Kind durch häufige Gelegenheit in der Fertigkeit der guten Gewöhnung erhalten wird."

Wieviel Züchtigungen zur Gewöhnung an diese Dressur im ersten Lebensjahr notwendig waren, wird nicht berichtet. Wir wissen aber, daß eine Kinderfrau sofort ihre Stellung verlor, als sie einem der Schreber'schen Kinder bei einer solchen Gelegenheit ein Stück ihrer Birne überließ. Dr. Schreber war fest überzeugt davon, daß man durch Bestehen auf absoluten Gehorsam nicht nur sich selbst, dem Erzieher, sondern „dem Kinde selbst die größte Wohltat bezeigt, indem man ihm viele seinem Gedeihen hinderliche Stunden der Unruhe erspart und es von allen jenen innerlichen Quälgeistern befreit, die außerdem gar leicht zu ernsteren und immer schwerer besiegbaren Lebensfeinden emporwuchern."

Ohne das zu beabsichtigen, gibt Dr. Schreber zwischen den Zeilen seiner Texte zu verstehen, daß im kleinen Kinde von Geburt an Dämonen rumoren, die ausgetrieben werden müssen. Er nennt sie Quälgeister oder Lebensfeinde, manchmal auch Unkraut; zum Beispiel wenn er sagt: „Die edlen Keime der menschlichen Natur sprossen in ihrer Reinheit fast von selbst hervor, wenn die unedlen, das Unkraut,

Das Waisenhaus von Amsterdam, 1904. Eßsaal des Mädchenhauses. (Sammlung: Historisches Museum Amsterdam). Eine Institution zur praktischen Anwendung der Schreberschen Maximen.

Mädchen des städtischen Waisenhauses auf dem Weg in die Kirche, 1904 (Sammlung: Historisches Museum Amsterdam)

rechtzeitig verfolgt und ausgerottet werden. Dies freilich muß mit Rastlosigkeit und Nachdruck geschehen."

„Fast in jedem Kinde, selbst dem bestgezogenen, taucht wenigstens einmal die Erscheinung der Widerspenstigkeit oder des Trotzes auf – ein Überbleibsel der natürlichen Roheit, welche das erwachende Selbstgefühl nach der falschen Richtung zieht. Meist fällt dieses gegen Ende des zweiten Jahres. Das Kind verweigert plötzlich und oft in überraschender Weise gerade da, wo es seit langer Zeit schon die vollste Willigkeit gezeigt hat, den Gehorsam. Es kommt nun alles darauf an, daß der Trotz sofort gebrochen werde und zwar auf der Stelle, bis zur Wiedererlangung des vollen Gehorsams – nötigenfalls durch fühlbare Züchtigung."

In einer Art, die an Luthers Traktat über den „Freien Willen" erinnert, stellte Dr. Schreber die Brechung des Eigensinnes im Kinde als Voraussetzung des freien Willens dar:

„War das Kind schon in der ersten Altersperiode unter einem Jahr auf dem Wege der Gewöhnung zum unbewußten Gehorsam geführt worden, so ist es zur Erreichung des würdigen Erziehungszieles unerläßlich, daß diese Gewohnheiten nach und nach zu einem Akte des freien Willens erhoben, daß der Gehorsam selbstbewußter werde. Das Kind soll zu edler Selbständigkeit und Vollkraft des eigenen Willens erzogen werden. Es muß allmählich mehr und mehr kennenlernen, daß ihm die physische Möglichkeit gegeben ist, anders zu wollen und zu handeln, daß es aber aus freier Selbsttätigkeit sich zu der moralischen Unmöglichkeit erhebe, anders zu wollen und zu handeln. Dies wird erreicht ... durch erzählende Hinweise auf die auch im Kinde liegende Willensfreiheit: du könntest wohl anders, aber ein gutes Kind will nicht anders."

Ein gutes Kind will offenbar auch nicht mit dem Ball spielen oder auf der Geige musizieren. Beides wurde wegen der dabei notwendigen einseitigen Bewegungen entmutigt. Spielen ist überhaupt nur Anlaß, Ordnungsliebe und Reinlichkeit zu entwickeln. Theater ist ein kaum rätliches Vergnügungsmittel. „Ein maßloses Schwelgen in Kunstgenüssen oder ein zu ausschließliches, für die übrige Welt totes Berufsleben in irgendeiner Kunstsphäre erschöpft endlich das Nervensystem, erzeugt krankhafte Reizbarkeit, Hypochondrie, Hysterie, Phantasterei, raubt den körperlichen und geistigen Halt."

Basketball im Knabenhof des städtischen Waisenhauses, 1904 (Sammlung: Historisches Museum Amsterdam)

Der Kinderspielplatz des städtischen Waisenhauses, 1904 (Sammlung: Historisches Museum Amsterdam)

Das Leben der Kinder im Schreber'schen Hause unter den Augen dieses Despoten bestand aus Gehorsamsübungen, Freiübungen, Verboten und Bestrafungen. Die letzteren errechneten sich aus einer „Rügen-Tafel", auf welcher die Vergehen und Unterlassungen des Kindes zusammen mit den auferlegten Ahndungen aufgezeichnet standen. Dies alles sollte der Bildung sittlicher Willenskraft dienen. Das ist das „Siegesschwert im einstigen Lebenskampf". Daß Leben ein edler Kampf sei, den man Kindern nicht ersparen darf, stand für Dr. Schreber aus christlich-moralischen sowie medizinischen Gründen fest. Ziel ist die Züchtung einer stärkeren Menschenrasse.
Diesen Kampf überträgt Dr. Schreber auch auf das sexuelle Gebiet. Aber nicht als Kampf der Geschlechter; die Frau ist ja nur eine in Unterwürfigkeit gehaltene Magd des Hausherrn. Der Kampf gilt vielmehr, wie in vielen ähnlichen Schriften der Viktorianischen Zeit, der Unterdrückung der Onanie. Zum Beispiel hält die senkrechte Stützstrebe des Schreber'schen Geradhalters „die Jugendlichen davon ab, ihre Beine übereinander zu schlagen, was aus gewissen delikaten Gründen besonders der Jugend nachteilig ist." Jene „krankhafte Nervenspannung bei Kindern", die Dr. Schreber ungern beim Namen nennt, erfordert besondere Behandlung. Sie ist unter dem Titel „Vorschrift gegen krankhafte, schwächende Häufigkeit der Pollutionen" in der „Ärztlichen Zimmergymnastik" zu finden.
Größter Wert wird auf eine ausgeklügelte Folge von Freiübungen gelegt. „Diese vollkräftige Körperbewegung verhütet die vorzeitige Mannbarkeitsentwicklung – jene Folge eines schlaffen, weichlichen und üppigen Lebens. Alle unedlen und unmoralischen wie auch niederdrückenden Leidenschaften müssen durch direktes Niederkämpfen im Keime erstickt werden. Dem dient auch vor dem Schlafengehen ein sechsminütiges Sitzbad von 10–13 Grad, ein möglichst lange bei sich zu behaltendes Wasserklistier und des Nachts anstatt der sonst vorgeschriebenen Rückenlage, die abwechselnde Seitenlage. Es muß streng darauf gehalten werden, daß die Kinder des Morgens nach dem Erwachen sofort sich erheben, nie wach oder im Halbschlaf liegenbleiben. Damit ist am meisten die Verführung zu einer unkeuschen Richtung der Gedanken verknüpft. Daß man diesen Punkt schon viele Jahre vor der Mannbarkeitsentwicklung scharf im Auge behalten muß,

Kinderspiele und Turnübungen. Bilderbogen, Mitte 19. Jh., wahrscheinlich Zweibrücken. Kolorierte Lithographie. (Westfälisches Landesmuseum für Kunst und Kulturgeschichte Münster)

lehrt die allen Ärzten bekannte traurige Häufigkeit heimlicher geschlechtlicher Verirrungen von Knaben sowohl wie von Mädchen."

„Naht die Zeit der Mannbarkeitsentwicklung heran, so ist es eine unerläßliche Pflicht der Eltern und deren Stellvertreter, durch angemessene Belehrung alle die vielen Gefahren des zufälligen und gelegentlichen Bekanntwerdens mit den geschlechtlichen Verhältnissen abzuschneiden. Die Erfahrung lehrt, daß bei weitem der größte Teil derer, welche auf die eine oder andere Weise der Wollust verfallen, durch anfängliches Nichtkennen der Gefahr fast unmerklich hinabgesunken ist. Diese aufklärenden Ermahnungen sind bei Knaben in einer ausführlicheren nachdrucksvolleren Weise erforderlich als bei Mädchen."

Dr. Schrebers Erziehungstheorie stellt einen extremen, wenngleich keinen seltenen Fall von Unterdrückung spontaner Entwicklung und schöpferischen Eigensinns im Kinde dar. Selten ist dieser Fall höchstens in seiner unumwunden geäußerten, „spartanischen" Kulturfeindlichkeit. Damit stimmte wohl nicht jeder Bürger überein. Aber die praktische Seite dieser ärztlichen Anweisungen wurde in Deutschland vor hundert Jahren weithin beherzigt. Erziehung zu Gunsten des Erziehers – das hat durchgeschlagen bis auf die Ideologie des Dritten Reiches, die daraus eine Erziehung zur Verherrlichung des Erziehers machte.

Die Folge der Schreber'schen Erziehungskünste im Familienbereich war die: Seine Tochter galt als nicht ganz normal. Ein Sohn erschoß sich. Ein anderer wurde Richter und endete auf dem Sonnenstein bei Dresden im Irrenhaus. Er schrieb dort seine „Denkwürdigkeiten", die später gedruckt wurden. Sie regten Professor Sigmund Freud zu seiner berühmten Untersuchung der Schizophrenie an.

Damit wäre der Name des Mannes gefallen, der uns ganz andere Einsichten in die seelische Struktur des Kindes eröffnet hat, und tiefere, als irgendein anderer vor ihm oder – so weit man bisher sieht – nach ihm.

1908 veröffentliche Freud in Wien die „Analyse der Phobie eines fünfjährigen Knaben". Es geht darin um die Angstzustände des kleinen Hans, die auftreten, wenn er Pferde sieht. Diese Zustände werden nicht als dummes Zeug abgetan, nicht als „Launen" oder „Grillen", wie Dr. Schreber sie genannt hätte.

Zum ersten Mal in der Geschichte werden sie aus ihren Wurzeln erklärt und zu Zwecken der Heilung ins Bewußtsein gehoben.
Der kleine Hans ist ein heiteres, neugieriges Kind. Seine Eltern haben alle Zwangsmaßnahmen unterlassen, die in der Erziehung sonst üblich sind. Hans stellt gerade seine ersten lustvollen Forschungen im Bereich des eigenen Körpers an, als ihn eine unbezwingbare Furcht vor Pferden befällt. Wenn man ihn spazieren führt, so geht der Weg am Wiener Hauptzollamt und den dort wartenden Lastpferden vorbei. Eines Tages weigert er sich, das Haus zu verlassen. Darin wird zunächst nur die Unlust erkennbar, sich von der Mutter zu trennen. Nach kurzer Zeit entwikkelt sich jedoch eine Angsthysterie, ein Pferd könnte ihm ins Zimmer folgen und ihn beißen.
Für die Eltern steht von Beginn der Erkrankung an fest, daß man Hans weder auslachen noch wegen seiner unbegreiflichen Feigheit brutalisieren dürfe. Sie suchen den Zugang zu seiner Zwangsvorstellung auf psychoanalytischem Wege. Der Vater notiert seine Gespräche mit dem kleinen Hans ausführlich. Gestützt auf dieses Beobachtungsmaterial und auf Besuche des kleinen Hans in der Sprechstunde fördert Professor Freud einen Zusammenhang zu Tage zwischen der Pferdeangst und dem Verhältnis zu den Eltern.
Die Geburt eines Schwesterchens hat ein Knäuel von Konflikten ausgelöst. Da ist der Neuankömmling, der Hans im Alleinbesitz seiner Mutter gefährdet. Da ist auf der anderen Seite der Vater, dessen Rolle bei der Entstehung der Schwester dumpf geahnt und als unheimlich empfunden wird, der außerdem nachts, wenn er nicht auf Reisen ist, die Mutter für sich beansprucht. Was liegt näher, als diese beiden Rivalen wegzuwünschen? Dieses Begehren wird in dem kleinen Hans durch seine natürliche Verehrung für den Vater dergestalt balanciert, daß ein Überschuß von Angst vor dem Unzulässigen und Ungehörigen übrigbleibt. Die Angst vor der Erfüllung des unzulässigen Wunsches verschmilzt mit der Angst nach dem Ungehörigen, nämlich, wenn er mit seinem kleinen Penis gespielt hat und deshalb getadelt wurde. Als Blitzableiter und Verkörperung seiner Ängste bietet sich dem kleinen Hans das Pferd an. Dessen enormer Penis zeigt ihm seine eigene Unzulänglichkeit. Mähne und Mundpartie ähneln dem schwarzbärtigen Vater. Die Zuglast erinnert auf vertrakte Weise an die Schwangerschaft der Mutter. Begegnungen mit einem gestürzten und einem bissigen Pferd tragen dazu bei, daß eine Reihe verdrängter Wünsche, die ein Objekt suchen, in der Furcht vor Pferden ein Ventil finden.
Diese Phobie ist insofern ein Heilvorgang, als sie das Verhältnis des kleinen Hans zu Vater und Mutter von seinen unlösbaren Rätseln entlastet. Aber es ist doch nur eine Verschiebung des Unbewältigten in die Krankheit. Der Arzt kann durch Einfühlung in die dunklen Wege des Unbewußten dem Kind (und den Eltern) die wahren Zusammenhänge ins Bewußtsein heben und Hans klarmachen, daß er keine Strafe des Vaters für Liebe zur Mutter zu fürchten hat. Signale der Normalisierung sind im Fall des kleinen Hans das Abklingen der Furcht vor Pferden und sein Entschluß, die Mutter zu heiraten und ein Kind mit ihr zu haben. Gleichzeitig wird in taktvoller Gerechtigkeit dem Vater mitgeteilt, daß er in den Stand des Großvaters erhoben ist.
In der Veröffentlichung von 1908 hat diese Analyse einen Umfang von 123 Seiten. Hier ist sie in äußerster Verkürzung dargestellt. Sie muß epochemachend genannt werden, weil sie Zusammenhänge erkennt und beschreibt, wo Jahrtausende nur Kindernarrheit sahen.
Doch legte sich bereits Freud die Frage vor, ob man die Lehren aus diesem Fall auf andere Kinder übertragen darf. Vielleicht ist ja der fünfjährige Hans sexuell frühreif – vielleicht ein geborener Neurotiker – möglicherweise degeneriert?
Das letztere wird durch den bleibenden Heilungserfolg widerlegt. An Hans' sexueller Frühreife besteht dagegen kein Zweifel. Aus der Kindergeschichte großer Männer weiß man, daß diese Eigenart bei begabten Kindern häufig anzutreffen ist. Häufiger noch ist es, daß Kinder zu irgendeiner Zeit von Phobien, von scheinbar unüberwindlichen Angstzu-

ständen befallen werden. Das trifft auch bei Kindern zu, deren Erziehung sehr streng ist. Diese Kinder werden später entweder neurotisch, oder sie bleiben „gesund". Gesund bleiben sie in dem Sinne, daß die Phobien im Lauf von Monaten oder Jahren nachlassen. Sie heilen aber nur scheinbar. Welche psychische Veränderung eine solche „Heilung" bedingt, welche Charakterveränderungen mit ihr verknüpft sind, darin hat niemand Einblick.

Nimmt der Psychoanalytiker einen Neurotiker in Behandlung, der ersts als Erwachsener offenkundig erkrankt ist, so erfährt er regelmäßig, daß die Neurose an eine Kinderangst anknüpft. Sie stellt die Fortsetzung derselben dar. Hans ist also nicht stärker erkrankt gewesen als so viele andere Kinder, die nicht als krank erkannt wurden. Der Unterschied ist nur der: Hans ist ohne Einschüchterung mit möglichster Schonung und möglichst geringem Zwang erzogen worden. So hat sich seine Angst (wie Freud sagt) kühner hervorgewagt. Die Motive des schlechten Gewissens und der Furcht vor der Strafe haben ihm gefehlt, die sonst gewiß zur Verdrängung dieser Angst beitragen. Und wenn man sich fragt, ob nicht eine Verdrängung der Angst gut gewesen wäre, so gibt Freud zur Antwort, daß es für Hans heilsam war, diese Phobie produziert zu haben.

Sie hat die Aufmerksamkeit der Eltern auf die unvermeidlichen Schwierigkeiten gelenkt, welche die Überwindung der angeborenen Triebkomponenten in der Kulturerziehung dem Kinde bereiten muß. Außerdem hat diese Störung die Hilfeleistung des Vaters nach sich gezogen. Hans hat also vor anderen Kindern voraus, daß er nicht mehr jenen Keim verdrängter Komplexe in sich trägt, der negative Auswirkungen fürs spätere Leben mit sich bringt – wenn nicht gar die Disposition zu einer späteren Neurose.

Praktische Forderungen für die Kindererziehung hat Freud anläßlich dieser Krankheitsgeschichte nicht erhoben. Er stellt aber fest: In der Kindererziehung wollen Erwachsene meist nichts anderes, als in Ruhe gelassen werden, keine Schwierigkeiten erleben, kurz, nach Schreber-Art das brave Kind züchten. Sie achten zu wenig darauf, ob dieser Entwicklungsgang dem Kinde auch nützlich ist. Die Erziehung hat sich bisher immer nur die Beherrschung, oft richtiger: Unterdrückung der Triebe zur Aufgabe gestellt. Der Erfolg war unbefriedigend. Man fragte nicht danach, auf welchem Wege und mit welchen Opfern die Unterdrückung der unbequemen Triebe erreicht wurde.

Die Psychoanalyse verschafft Aufklärung über die Herkunft der pathogenen Komplexe und über den Kern einer Neurose. Diese Aufklärung sollte vom Erzieher unbedingt in Betracht gezogen werden. Mit aller gebotenen Vorsicht formulierte Freud für die Erziehung am Ende doch eine Aufgabe: Sie soll das Individuum mit der geringsten Einbuße seiner Aktivität kulturfähig, sozial verwertbar machen.

Welche praktischen Schlüsse sich hieraus ergeben und inwieweit innerhalb unserer sozialen Verhältnisse die Anwendung psychoanalytischer Schlüsse gerechtfertigt ist, „dies überlasse ich anderen zur Erprobung und Entscheidung".

Im großen historischen Zusammenhange betrachtet, befinden wir uns siebzig Jahre später immer noch bei der Erprobung von Einsichten des Professors Freud in die kindliche Seele. Wir sind noch immer im Vorstadium der Entscheidung darüber, ob der Erzieher diese Einsichten verwerten oder verwerfen will. Durch viele Experimente wissen wir mehr über das Kind. Seine Beweggründe und Handlungsweisen liegen offen. Dadurch ist unsere Einstellung zum Kinde hier und da vorsichtiger, weniger herablassend und besserwisserisch geworden. Dank Freud erkennen wir uns selbst im Kinde und das Kind in uns.

Den bestürzenden, revolutionären Einsichten Freuds in die Seelenorganisation des Kindes entspricht jedoch offenbar keine lehrbare Methode für die praktische Behandlung des Kindes durch den Erwachsenen.

Dafür gibt es viele Gründe. Auf der Hand liegt, daß die Psychoanalyse als Therapie nur von hochspezialisierten Ärzten beherrscht wird. Der Laie kann sich wohl Erkenntnisse der Psychoanalyse zu Nutze machen, wenn er mit Kindern zu tun hat. Welche Erziehungs- und Umgangsmethoden sich jedoch daraus für die Praxis ableiten lassen, ist durchaus umstritten. Es hängt von unzähligen Einflüssen ab, die nicht aus dem seelischen Bereich stammen, sondern zum Beispiel aus dem sozialen Umfeld des Kindes.

Hierin mag der Grund liegen, warum die zwei interessantesten Erziehungsbewegungen des 20. Jahrhunderts weder eine fruchtbare Kombination mit der Psychoanalyse noch miteinander eingehen konnten. Gemeint sind die ,,progressive" Erziehung in Amerika und die Montessori-Schule in Italien. Beide Bewegungen traten nebeneinander genau in dem ersten Jahrzehnt des 20. Jahrhunderts in die öffentliche Diskussion, als Freud seine erste Kinderanalyse publizierte.

Der kleine Hans ist mit seinem Vater in jenen Monaten des Jahres 1907 in die Sprechstunde des Professors gekommen, als Maria Montessori in einem römischen Slum ihr ,,Haus der Kinder" einrichtete. Der Hintergrund, vor dem sich das abspielte, war eine Wirtschaftskrise, die in Rom Zehntausende von Arbeitern ohne Beschäftigung und Einkommen ließ. Sie waren vom Land zugewandert und hatten sich vielfach in halbfertigen Mietskasernen eingenistet, deren Vollendung die Rezession unterbunden hatte. Da lebten und starben sie, ohne elektrisch Licht und sanitäre Anlagen, zu Dutzenden in einen Raum gepfercht. Die Polizei war bis an die Zähne bewaffnet, wenn sie dort im Einsatz war. Die Kinder spielten in Scharen auf schlammigen Hinterhöfen und in Treppenhäusern, deren Wände bald völlig zerkratzt und beschmutzt waren.

Der Präsident der Baugesellschaft wollte die Treppenhäuser vor weiterer Zerstörung schützen und finanzierte die Einrichtung eines Kindergartens in einem der Häuserblocks. Die prominenteste Frauen-

Maria Montessorie

Maria Montessori mit Schützlingen aus ihrem ersten ,,Haus der Kinder" in Rom

rechtlerin Italiens wurde als Leiterin des Projekts gewonnen. Maria Montessori war nicht nur die umschwärmte Festrednerin auf vielen internationalen Kongressen, sondern die erste in Italien promovierte Ärztin, die erste Dozentin an der Universität. Ihr wissenschaftlicher Ruf beruhte auf ihren Erfolgen in der Erziehung schwachsinniger Kinder. Außerdem war sie schön, unverheiratet und, wie man später erfuhr, Mutter eines Kindes, das in einem Konvent aufwuchs.

Diese ungewöhnliche Frau machte innerhalb eines Jahres aus fünfzig Slum-Kindern internationale Berühmtheiten. Aus aller Welt pilgerten Fachleute in das verdreckte St. Lorenzo Viertel von Rom, um zu studieren, wie Kinder zwischen zwei und sieben Jahren Fähigkeiten entwickeln können, die man bisher nur dem Genie zugeschrieben hatte.

Maria Montessori nannte das Haus der Kinder ihr „Laboratorium". Das läßt auf ein Experimentieren mit kindlichen Verhaltensweisen schließen. Es handelte sich aber eher um die Ermunterung der Kinder, mit ihren eigenen Gaben zu experimentieren. Von den Jesuiten stammt der Ausspruch: „Wenn wir das Kind von seiner Geburt bis zum siebenten Lebensjahr haben können, läßt es sich formen, wie wir es wünschen." Frau Montessori setzte dem die These entgegen: „Wenn wir ein Kind von Geburt bis zum siebenten Lebensjahr vor den Händen der Erwachsenen bewahren können, hat es gute Aussicht, so aufzuwachsen, wie die Natur es haben will."

In der überspitzten Form dieses Ausspruchs steckt ein Stück Rousseau; mehr aber noch Maria Montessoris eigene Erfahrung mit geistig zurückgebliebenen Kindern. Sie hatte ihnen mit eigens entworfenem Unterrichtsmaterial Lesen und Schreiben beigebracht und dabei festgestellt, daß aus Greifen *Be*greifen werden kann; aus Anblicken und Berühren ein Lesen und Schreiben. Immer vorausgesetzt, das Kind erhält Zeit, seine schlummernden Fähigkeiten selbst ans Licht zu ziehen, mit den Händen zu korrigieren, mit Erfinderstolz zu verwerten. „Dinge sind die besten Lehrer", und der beste Erzieher ist der, welcher nichts tut, als den Kindern die Dinge nahezubringen, damit sie experimentieren können.

Ermutigt durch ihre Lehrerfolge bei geistesschwachen Kindern, wandte Maria Montessori nun die gleichen Methoden auf die „normalen" Kinder im St. Lorenzo Slum an. Deren Verwahrlosung war dabei insofern von Vorteil, als sie auf jede Form von Güte und Zuwendung reagierten und emotionell aufblühten.

Soweit italienische Kinder damals überhaupt in die Elementar-Schule gingen, wurden sie wie Gefangene in langen Bankreihen gehalten. Sie machten tagelang wie kleine Automaten Auf- und Abstriche und lernten Wort- und Zahlenreihen auswendig, die für sie keinen Sinn ergaben.

Maria Montessori gab ihnen die Klötzchen und Würfel, die Perlen, Farbpapiere, Stäbchen und Quadrate zum Ordnen und Bauen, die seitdem in allen Kindergärten der Welt zum Inventar gehören. Sie erlebte eine Art von Bildungsexplosion. Die Kinder zogen die Betätigung und Bestätigung ihrer Hände und ihrer Sinne allem anderen vor. Jedes Kind „arbeitete" wie ein kleiner Schöpfergott nach seinem eigenen Zeitmaß und brachte sich selbst bei, was sein Alter brauchte. Die Lehrerin kommandierte nicht. Sie blieb im Hintergrund, beobachtete und half dem Kind von der einfachen zur schwierigeren Betätigung. Das war eine Schule ohne Belohnungen und ohne Strafen. Als eine Helferin einem Jungen ein Kreuzchen zum Umhängen überreichte als Auszeichnung für Ordnungsliebe, gab er es an ein Kind weiter, das nicht mitspielen durfte. Das war nämlich die einzige Strafe im Haus der Kinder: dabeisitzen zu müssen, wenn die anderen Kinder Ordnung machten, sich kämmten, die Schnürsenkel banden und nach der Mittagsmahlzeit Teller abwuschen.

Alles dies war eine Revolution. Ungläubig vermerkten zugereiste Fachleute, daß diese Kinder, ohne zu fragen, von ihren kindergroß gezimmerten Sesselchen aufstanden und sich aus den niedrigen Schränken neues Material für ihre Schöpfungen holten. Als man die Laxheit dieses Systems kritisierte, erwiderte Montessori: „Ein Raum, in dem die Kinder sich

Montessori-Spielzeug

sinnvoll, intelligent und frei bewegen, ohne eine Unart oder Roheit zu begehen, erscheint mir als ein sehr gut diszipliniertes Klassenzimmer."

Ähnliches Erstaunen herrschte über die selbstbewußte Höflichkeit, welche dieser Abschaum aus den untersten Schichten erwachsenen Besuchern erwies. Das mochten amerikanische Professoren, argentinische Botschafter, hohe Geistliche und die italienische Königin selbst sein – kein ehrfürchtiges Erstarren, keine eingelernte Begrüßung; kein Kind ließ sich in seiner Tätigkeit stören, aber keines vergaß, sich am Schluß für das Interesse des Gastes zu bedanken. Wenn Spielzeug als Geschenk mitgebracht wurde, verfiel es höflicher Gleichgültigkeit oder wurde sogleich auseinander genommen und studiert. Als ein Würdenträger russisches Brot verteilte, aßen die Kinder es nicht, sondern legten mit den Buchstaben kurze Worte. Inzwischen hatten sie sich selbst Schreiben und Lesen beigebracht (in dieser Reihenfolge), und zwar aus freien Stücken und in einer unglaublich kurzen Zeit. Dreijährige brauchten wenige Wochen, um das Pensum zu beherrschen, an dem sich siebenjährige Elementar-Schüler ein Jahr lang mühten. Die Wände in den Treppenhäusern der Mietskasernen waren nun allerdings vollgeschrieben wie heutzutage die Informationswände in den Foyers der Hochschulen. Manche Kinder brachten ihren analphabetischen Eltern das Lesen bei.

In einem Europa traditionsbeladener Staatsschulen wurden die Erfolge Maria Montessoris als Wunder betrachtet. Sie selbst bezeichnete nicht ihre Methode sondern das Kind als ein Wunder. Sie behauptete, seine Bitte richtig verstanden zu haben – eine Bitte, die lautet: „Hilf mir, es allein zu tun."

Diese Devise klingt wie das Zauberwort, das damals John Dewey für die amerikanische „progressive" Erziehung prägte: Learning by doing. Lernen durch Tun. Die prominenten Professoren in den Vereinigten Staaten jedoch lehnten die Montessori-Methode ab. Sie hinke fünfzig Jahre hinter der Zeit her. Das formale und systematische Sinnestraining der Kinder basiere auf einer „überlebten und abgelebten" psychologischen Theorie. Das Unterrichtsmaterial sei für wirkliches Sinnestraining wertlos. Außerdem sei es zu kostspielig. Das Geld solle lieber für billigeres und mehr dem Kindersinn entsprechendes Spielzeug verwendet werden. „Madame Montessori konzentriert sich vornehmlich auf die Verbesserung der Lehrmethoden im Schreib- und Leseunterricht. Professor Dewey erkennt zwar an, daß die Schule eine Pflicht hat, diese Künste zu lehren. Er hält aber Aktivitäten für wichtiger, die dem Leben des Kindes nützen und gleichzeitig zur Meisterung unserer komplexen sozialen Welt führen."

Das Zitat stammt aus einer Broschüre des Jahres 1914, in der ein Schüler von John Dewey den Unterschied zwischen „Selbsttun" und „Learning by doing" gegen Maria Montessori auslegt. Wo sie schöpferische Selbstbetätigung des Kindes meint, meint die progressive Erziehung: Training des Kindes durch Zusammenleben. Die Kontroverse macht deutlich, daß in Amerika Kindheit und Aufwachsen etwas anderes bedeuten als im alten Europa.

Die Kinder des Proletariats von St. Lorenzo in Rom mögen verwahrlost gewesen sein, aber selbst ihre Verwahrlosung gehörte zu einer genau definierbaren Form von Zivilisation. Sie wuchsen auf zwischen den alten Kirchen, Denkmälern und Prozessionen einer heidnischen Volkskatholizität. In Geste und Sprache nahmen sie uralten Glauben und Aberglauben auf, der ringsum verstanden wurde. Ihre Sehnsüchte richteten sich traditionell auf die Abzeichen bürgerlicher Lebensform: weißes Kleid und schwarzer Anzug für den sonntäglichen Kirchgang. Sie richteten sich auf Lesen- und Schreibenlernen als die Künste, welche zum Schreibtisch führen, von wo aus man die Arbeit mit der Hand herzlich verachten kann. Die Vorschriften der Maria Montessori für die Eltern lassen genau erkennen, welche Rolle die gesicherte und eingeschliffene Klassenstruktur der italienischen Gesellschaft auch in ihren Augen spielte: „Diejenigen Kinder müssen die Casa dei Bambini verlassen, deren Eltern es an Respekt für das Lehrpersonal fehlen lassen ...".

Maria Montessori war zwar ein Rebell in ihrem Kampf um eine neue soziale Rolle der Frau; sie war eine revolutionäre Streiterin gegen das Kommando- und Strafsystem in der damaligen Schule, das sich aus der Lancaster-Methode herleitete. Sie war jedoch selbst das, was wir heute abschätzig autoritär nennen, nämlich eine überwältigende Persönlichkeit, der man sich unterordnete. Sie hatte einen gesunden Sinn für die Wirklichkeit und für die Autoritäten, welche diese Wirklichkeit formen. Wenn ihre Methode schöpferische Fähigkeiten der Kinder freilegte, so entsprach das in erster Linie dem Bedürfnis, dem italienischen Kind Steigeisen zum Aufstieg in die Mittellagen der städtischen Zivilisation zu verschaffen. Dazu gehörten neben Lesen und Schreiben und Rechnen auch, und ganz besonders, gute Manieren, die den Menschen seiner Umgebung angenehm machen. Maria Montessori zeigte ihren Proletarier-Kindern, wie man sich auf die richtige Art die Nase putzt, und das erinnert an die Ratschläge, die Erasmus Anfang des 16. Jahrhunderts vornehmen Bürgersöhnen gab. Montessoris Auffassung vom Kind war neu. Aber die Ziele, die sie dem Kind zeigte, lagen nicht auf bisher unbetretenem Gelände, sondern paßten in eine alte, noch sehr intakte, nach Rang und Stand gegliederte Zivilisation.

Amerika stand vor ganz anderen Aufgaben, und niemand könnte sagen, daß es sie nicht für seine Kinder gut gelöst hat. In den Vereinigten Staaten war eine offene, demokratische Gesellschaft am Werk – eine Gesellschaft ohne Rang- und Standesunterschiede in einem Kontinent, der noch nicht ganz erforscht, geschweige besiedelt war. Ein Land tatsächlich der grenzenlosen Möglichkeiten. Seit dem Bürgerkrieg hatte sich eine Woge von Einwanderern aus allen Winkeln Europas durch die Hafenstädte gen Westen ergossen: in die Holzfällerlager, Vieh-Ranchen, Eisenbahndepots und Goldminen. Was brachten diese Millionen außer ihren Muskeln mit? Die Erfahrung kroatischer Dörfer, polnischer Ghettos, badischer Kleinstädte, irischer Hungerfarmen und sizilianischer Steinbrüche. Sie kamen in ein Land ohne regierende Kirche, ohne fundamentale staatliche Tradition, ohne allgemein verständliche Sprache. Die mußte erst mühsam gelernt werden. Dörfer mit ihrer formenden Kraft existierten nicht. Die Großfamilie löste sich schnell auf. Ihr Kernbestandteil hielt sich klein und beweglich und war nirgends fest verwurzelt. Kinder hatten häufig keine Spielkameraden, weil sie zum Mitverdienen gebraucht wurden. Sie arbeiteten die meiste Zeit des Jahres neben den Eltern auf dem Feld, in der Fabrik, in der Kohlengrube. Noch 1910 besuchten 2 Millionen Kinder zwischen sieben und dreizehn Jahren keine Schule, weil sie keine Zeit dazu hatten.

Amerikanische Schule, Die Sargent Familie, 1800 (National Gallery of Art, Washington)

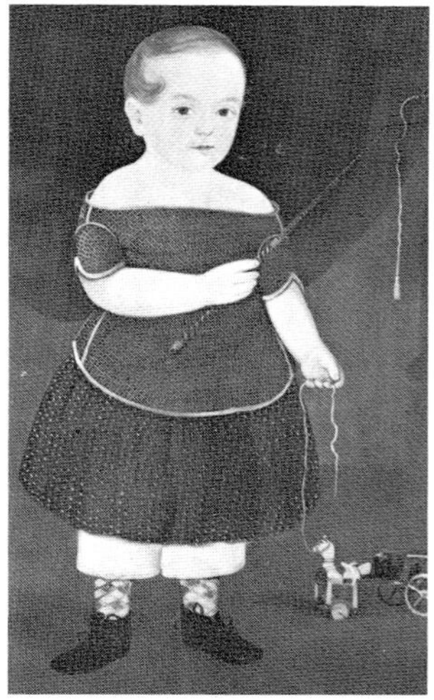

Amerikanische Schule, Junge mit Spielzeugpferd und Wagen, 1845 (National Gallery of Art, Washington)

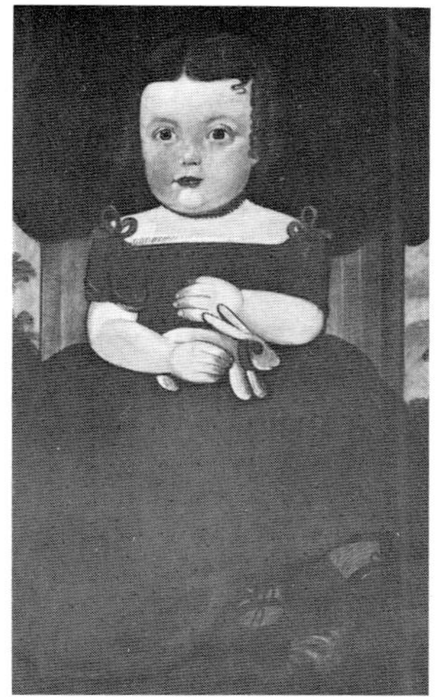

Little Miss Fairchild (Detail) von William Metthew Prior (1806–1873), National Gallery of Art, Washington

Wenn Amerika diese zusammengewürfelten Haufen Menschheit verschmelzen und irgendwie seiner angelsächsisch-puritanischen Zivilisation anpassen wollte, dann bedurfte es der Erziehung und einer Institution, in der erzogen werden konnte.

Da reichte nun die alte Disziplinarschule nicht mehr aus, die mit den englischen, holländischen, deutschen Einwanderern des 17. und 18. Jahrhunderts über den Ozean in die neue Welt gekommen war. Diese Funktion mußte von der Elementarschule wahrgenommen werden, von der Public School. Noch um 1860 konnte ein amerikanischer Erzieher seine Prinzipien so zusammenfassen: ,,Die Autorität des Lehrers ist absolut. Sie fußt auf Anordnungen, nicht Erwägungen und Beispielen. Seine Entscheidungen und Vorschriften – ob als Forderung, Befehl oder Auflage ausgedrückt – dürfen nicht angefochten werden. Was er entscheidet und als gültig erklärt, wird einfach und gradlinig durchgesetzt als von Grund auf richtig. Es muß auf der Stelle und ganz und gar vom Schüler als richtig akzeptiert werden. Aus dem einen Grund, daß der Lehrer über allem steht."
Diese Einstellung war mit der neuen amerikanischen Demokratie nicht zu vereinbaren und galt bereits ein paar Jahrzehnte später als vollkommen überholt. Die Autorität erlitt dadurch Einbußen, daß es weniger und weniger Lehrer und mehr und mehr Lehrerinnen gab. Mütter unterrichteten, nicht Theoretiker. Die strikte Disziplin des alten Erdteils ging verloren. Sie mußte durch Selbstdisziplin ersetzt werden, da die Menschen so auf sich selbst gestellt waren. Der Vater war nach der langen Wanderung in der neuen Umgebung nicht mehr die alte Respektsperson. Der Sohn sollte es möglichst weiter bringen als der Vater. Der Tochter konnte er längst nicht mehr befehlen, wen sie zu heiraten habe. Erziehung, besonders Erziehung zur Kultur, ging in die Hände der Frau über.
Die explosionsartigen Umschichtungen der amerikanischen Wirtschaft und Gesellschaft nach dem Bürgerkrieg beschleunigten diese Entwicklung auch

Sir Edwin Landseer (1802–1873), Ein ungezogenes Kind (Victoria and Albert Museum, London)

THE CHILDREN'S FROCK PARTY

U

U Ursula—says she has come up to town
For mother to buy her a Liberty-gown.

V

V Is Vera—the sweetest of tiny wee tots,
Is longing for fun, and wants lots and lots.

Eine Seite aus ,The Children's Frock Party', einem für den Warenhauskonzern Liberty and Co. produzierten Katalog. (Bibliothek des Victoria and Albert Museums, London), in den Schulen. 1907, im Gründungsjahre der Casa dei Bambini, im Jahr der Analyse der Psyche des kleinen Hans, herrschten in Chicago oder im ländlichen Kansas keineswegs die oben zitierten, despotischen Maximen. Die progressive Erziehung hatte gesiegt. Sie sah im Kind keine leere Hülse, in die der Erzieher Bildungsinhalte trichtert. Sie sah den künftigen Mitbürger, dem der Lehrer allenfalls hilft, ein aktives Mitglied einer Lebensgemeinschaft zu werden.

In John Deweys pädagogischem Credo von 1897 klingt ein neuer Ton an. Die Schule ist nicht mehr Vorbereitung auf das Leben, sondern der Lebensprozeß selbst. Der Schüler führt ein tätiges Dasein in einer Miniatur-Gesellschaft. Er setzt fort, was er als Kleinkind (hoffentlich) zu Hause gelernt hat. Die Schule gewöhnt an Zusammenarbeit, an Teamwork mit anderen. Sie gewöhnt spielend. Nur so konnte sie ihre Aufgabe in einem Einwandererland erfüllen. Nicht Schönschreiben oder Baldlesenkönnen oder Kopfrechnen ist wichtig. Wichtig ist die Einübung der Kunst des Zusammenlebens. Dewey hält es für zwecklos, den Kopf des Kindes mit bestimmten Lerninhalten zu füllen. Demokratie und moderne Industrie machen es seiner Meinung nach unmöglich vorauszusagen, wie die Zivilisation in zwanzig Jahren aussehen wird und welche besonderen Kenntnisse man dafür braucht. Besser also im Kinde Flexibilität, Reaktionsfähigkeit, gute Beobachtungsgabe, ein sicheres Urteil zu entwickeln. Besser als Buchwissen ist es, sein Sozialethos durch ständig geübte Einordnung in eine Lebensgemeinschaft zu stärken.

Wo Maria Montessori Selbstverwirklichung des Kindes durch schöpferisches Tun mit den Dingen anstrebte, schlägt die amerikanische progressive Erziehung Lernen durch Umgang mit anderen Menschen vor. Daher die Selbstverwaltung in den Schulklassen, die freie Debatte strittiger Fragen, die Übernahme kleiner und großer Pflichten auf dem Schulweg und auf dem Sportplatz. Daher die Ablehnung starrer Zensuren und vorgeschriebener Examen. Examen sind nur wichtig, „insoweit sie die Bereitschaft und Fähigkeit zum sozialen Leben prüfen“. Selbstkontrolle ist wirksamer als auferlegte Disziplin. Verhalten ist wichtiger als Wissen. Gelebte Demokratie setzt Intelligenz frei. Erfahrung im Umgang mit anderen Kindern ersetzt die Kenntnis lateinischer Merkverse.

Nicht der Staat, sondern die Eltern üben durch den School-Board die Aufsicht über Schule, Lernstoff und Lehrer aus. Das verschafft der Volksschule eine zentrale Funktion bei der Formung der modernen amerikanischen Gesellschaft. Die Schule ist frei und allen offen. Sie bringt alle Schichten und beide Geschlechter in einem Raum zusammen. Sie wird vielen Generationen fast so sehr Heimat wie ihr Zuhause. Kaum ein Amerikaner, der mit dem typisch europäischen Schauder an seine Schulzeit zurückdenkt. Gewiß hängt das damit zusammen, daß man in der amerikanischen Schule außer Lesen, Schreiben und Rechnen nicht viel lernen mußte. Das hat der Sputnik-Schock des Jahres 1958 geändert. Die Anhänglichkeit des Amerikaners an seine Schule aber bleibt.

Kinder sollen es einmal besser haben als ihre Eltern. Das Kind wird im amerikanischen Leben dieses Jahrhunderts stärker berücksichtigt als in Europa. Ärzte und Medikamente, Impfungen und Psychotherapeuten werden häufiger bemüht. Bücher über Kleinkinderpflege werden zahlreicher geschrieben und gekauft, Theorien über Bruststillen nach Zeitplan oder auf Geschrei werden hitziger diskutiert als in der alten Welt. Der Autoverkehr richtet sich nach den Kindern. Sie dürfen die linke Hand zum Schreiben oder zur Begrüßung nehmen und nennen die Eltern beim Vornamen. Festtage sind auf sie eingestellt, die Wirtschaft fühlt ihren kleinen Puls, Babyküssen im Wahlkampf ist wirkungsvoller als das Tragen des Indianerkopfschmucks. Es gibt Leute, die sagen, dank Dewey sei das amerikanische Kind vorlaut, rüpelhaft und unerträglich verwöhnt. Wenn man es mit einem russischen Kind vergleicht, das mit kurz geschorenem Haupt in Uniform, starr aufgerichtet in einer langen Bankreihe dem Lehrer gegenübersitzt, so mag das wohl so sein.

John Dewey hat es zu einem Axiom der Erziehung erhoben, daß das Kind nicht in eine passive, nur aufnehmende Haltung gedrängt werden darf. Das Interesse, das es an den Vorgängen seiner Umwelt nimmt, soll seine Aktivitäten bestimmen. Das gilt vom Augenblick der Geburt an. Jedes neue Interesse ist Zeichen und Symptom seines Wachstums und gilt als Markierungspunkt für den Erziehungskurs.
Man hat seitdem die erwachenden, wachsenden und verfliegenden Interessen des kleinen Kindes studiert. Seine psycho-physische Entwicklung wurde säuberlich in Phasen aufgeteilt und läßt sich nun in gewissen Grenzen voraussagen. In der Theorie möchte man dieser Entwicklung freien Lauf lassen, solange das Kind nur in zärtlichem Kontakt mit Mutter und Vater Bezugspunkte für seine Erkundungen der Welt finden kann.
Der Endpunkt dieses Gedankenganges ist es, wenn dem Kind erlaubt ist, alles zu tun, was es interessiert – solange es sich oder andere dadurch nicht beeinträchtigt. Bei Maria Montessori klingt es bereits an: Das Kind weiß am besten, was ihm gut tut. Sigmund Freud spricht davon, das Individuum kulturfähig und sozial verwertbar zu machen „mit der geringsten Einbuße an seiner Aktivität". Uneinig ist man sich heute vornehmlich in der Definition des „wie wenig oder wieviel" Einbuße an Aktivität ist ratsam. Die radikalste Haltung nimmt A.S. Neil ein, der Gründer des englischen „Summerhill"-Experiments.
Summerhill ist ein Landheim in Suffolk. Es besteht seit 1921 und beherbergt etwa 50 Mädchen und Jungen zwischen vier und zwanzig Jahren. Sie stammen meistens aus dem oberen Mittelstand. Die Einstellung zur Schule ist dadurch charakterisiert, daß es Kinder gibt, die dreizehn Jahre in Summerhill lebten, ohne auch nur eine einzige Stunde im Klassenzimmer zu verbringen. Der Schulbesuch ist freigestellt. Es gibt Kinder, die erst mit zwölf Jahren anfingen, lesen zu lernen.
Wenn man A.S. Neil glauben darf, so sind Schularbeiten Heranwachsender nur Vergeudung von Zeit, Energie und Geduld. „Sie berauben die Jugend des Rechtes auf Spielen und Spielen und Spielen. Schularbeit setzt alte Köpfe auf junge Schultern. Bücher sind das am wenigsten wichtige Zubehör einer Schule. Alles, was ein Kind braucht, ist Schreiben, Lesen, Rechnen. Sonst nur: Werkzeug, Töpferlehm, Sport, Theater, Farben und Freiheit."
Die Schule regiert sich in allen Fragen selbst. Am Samstagabend ist Generalversammlung unter Leitung jeweils eines Schülers. Jeder hat eine Stimme. Der Siebenjährige hat soviel zu sagen, wie der Schulleiter – jedenfalls in der Theorie. Disziplinarfragen werden durch Abstimmung erledigt. Das Ideal ist das Kind, „das sich selbst reguliert". Die innere Ordnung von „Summerhill" braucht hier nicht weiter beschrieben zu werden. In den letzten hundert Jahren ist mit Demokratie und Selbstverwaltung in Landschulheimen auch anderswo erfolgreich experimentiert worden. Nirgends ist aber die Frage Lernzwang und Sex so radikal angepackt oder beiseite gelassen worden wie hier. Dazu die Ansicht von Neil:
„Freud hat uns alle mit der Idee bekannt gemacht, daß Sex von Beginn des Lebens da ist; daß das Baby sexuelle Befriedigung im Saugen findet, und daß allmählich die erotische Zone „Mund" der erotischen Zone der Genitalien Platz macht. Daher ist für ein Kind Masturbation eine natürliche Entdeckung. Keine besonders wichtige Entdeckung zunächst, weil die Genitalien dem Kind nicht soviel Vergnügen machen wie der Mund oder sogar die Haut. Es ist nur das elterliche Verbot, das aus der Onanie einen so großen Komplex macht. Je strenger das Verbot, desto tiefer das Schuldgefühl, und um so stärker der Drang, zu onanieren."
„Das Problem der Masturbation regiert alle anderen in der Erziehung. Lernen, Disziplin, Spielen – alles ist nichts wert und vergebens, solange das Problem der Masturbation ungelöst bleibt. Freiheit, zu onanieren, heißt: fröhliche, glückliche, aktive Kinder, die an Onanie gar nicht wirklich interessiert sind. Verbot der Onanie heißt: elende, unglückliche Kinder, leicht erkältet und krank, die sich und damit andere hassen. Ich behaupte, daß einer der Hauptgründe für das Glücksbefinden der „Summerhill"-Kinder darin

Alexander S. Neill beim Diskutieren

Wandbemalungen

Fotos aus dem Bildband von Joshua Popenoe, ‚Summerhill', *Rowohlt Verlag*, Hamburg 1971.

Schwimmen

Spielende Kinder

liegt, daß ihnen Furcht und Selbsthaß fehlen, die sonst die Folge von Sex-Verboten sind.“

„Sex liegt an der Basis aller negativen Einstellungen zum Leben. Kinder ohne sexuelle Schuldgefühle fragen niemals nach Religion oder irgendwelcher Mystik. Sex wird als die große Sünde betrachtet. Kinder, die frei von Sex-Furcht und Sex-Scham sind, suchen keinen Gott, den sie um Vergebung und Gnade bitten müssen. Sie fühlen sich schlicht ohne Schuld.“

Man sieht, es ist in den hundert Jahren, die zwischen Dr. Schreber und A.S. Neil liegen, einiges in Bewegung gekommen. Nicht Sex ist der Sündenfall, sondern das Feigenblatt. Diebstahl wird in Summerhill weder mit Abscheu betrachtet noch straflos gelassen. Überhaupt zeichnen sich die Zöglinge von Summerhill durch große Gelassenheit und die Abwesenheit jeglichen Ehrgeizes aus. Sie fallen durch akademische Leistungen nicht auf, leben unauffällig, führen normale Ehen und denken gern an die „Insel der Seligen“ zurück.

Ob das Experiment von Summerhill seine Brauchbarkeit erweist, wenn man es in Ländern anderer Tradition nachahmt? Oder wenn man statt fünfzig Kinder fünfzigtausend so erzieht? Die Frage ist müßig, solange sich eine Erzieherpersönlichkeit wie Neil nicht vertausendfachen läßt. Doch sicher wirken solche Experimente noch in die nächsten hundert oder tausend Jahre Kindheit hinein. Vielleicht können Kinder doch noch Schöpfer ihres eigenen Lebens werden und müssen nicht bloße Geschöpfe der Erwachsenen bleiben.

Plus oder Minus

Ausblick

Was hat sich nun im Rückblick auf zwei Jahrtausende für das Kind geändert? Unsere Erwachsenen-Einstellung zu ihm? Gewiß. Das wird schon deutlich aus unserem Erschrecken über vieles, was Kinder früher über sich ergehen lassen mußten. Doch ähnlich erschrocken wären unsere Urgroßeltern gewesen, hätten sie vorausgewußt, wie man Kinder gegen Ende des zwanzigsten Jahrhunderts aufzieht: ohne Amme und Wickelband, ohne Tischgebet und Katechismus, Mädchen und Buben im gleichen Klassenzimmer dreizehn Jahre lang, mit zwölf die erste Zigarette, mit vierzehn Rauschgift, mit achtzehn ein schweres Motorrad!

Niemand kann voraussehen, worüber sich unsere Kindeskinder zu Ende des einundzwanzigsten Jahrhunderts aufregen werden. Gewiß ist nur, daß auch sie im Zweifel sein werden, ob sie mit ihren Kindern das Richtige tun. Längst und wohl für immer vorbei die Zeiten, welche dem Kinde naiv gaben und nahmen, was uralte Tradition vorschrieb. Mehr und mehr wurde in zwei Jahrtausenden über das Kind nachgedacht. Immer neue Erziehungstheorien wurden aufgestellt und wieder relativiert oder verworfen. Eine Vielzahl neuer Erkenntnisse der pädagogischen Forschung und immer wieder variierter Ansichten über Methoden der Erziehung stürmt gegenwärtig auf Eltern, Lehrer und Erzieher ein. Wahrscheinlich sind wir gerade in einer besonders wirren Phase des Experimentierens und hören auf zu viele Ratschläge und Theorien, die sich gegenseitig aufheben. Doch seien wir nicht undankbar:

Ein Säugling des Jahres 1980 in Mitteleuropa oder Nordamerika hat im statistischen Durchschnitt eine Lebenserwartung von 74 Jahren, gegenüber 35 Jahren zu Anfang des 19. Jahrhunderts. Wenn Leben besser ist als Nichtleben, dann ist das ein Plus. Es bedeutet aber auch, daß dieser Säugling weniger Schmerzen und Krankheit erleidet. Er wächst auf in häufigerem Wohlgefühl, besser genährt, gekleidet und gebettet. Und das nicht nur in den schmalen Oberschichten, sondern in einem breiten Mittelstand, dessen hygienischen Standard sich die Unterschichten zu eigen gemacht haben.

Muttermilch gilt wieder mehr als Flaschenmilch oder Ammenmilch. Der Wuchs ist rascher und höher, die Zähne kommen besser, die Kleidung ist gesünder. Es wird nicht mehr gewickelt und häufiger gebadet. Selten müssen sich zwei Kinder ein Bett teilen. Bei der Frage, ob sie noch so häufig sexuell mißbraucht werden wie in der Antike, zögern wir mit der Antwort und blicken zum nächsten Zeitungskiosk.

Durch Abtreibung, Pille und andere Verhütungsmittel reduzieren die Industrieländer des Westens die Zahl der unerwünschten Kinder. Global schätzt man die Zahl der jährlichen Abtreibungen auf vierzig Millionen. In der Bundesrepublik wurden allein 70000 im Jahr 1978 legal durchgeführt – die Zahl der illegalen Aborte liegt viel höher. Kindestötungen von Säuglingen durch Gewalt oder Vernachlässigung sind jedoch seltener geworden. „Nachträgliche" Familienplanung, früher die Regel, ist heute die Ausnahme.

Der Status der unverehelichten Mutter hat sich verbessert, und so wird mit der staatlich geförderten Verfemung des unehelichen Kindes eine Sonderkategorie der gedrückten Kindheit verschwinden.
Wenn Kindsein revolutioniert wurde, so nicht etwa durch das Mitleid der Väter, sondern infolge der Emanzipation der Frau, durch den Kampf der Frau für sich und ihre Kinder. Erst seit hundert Jahren haben Mädchen etwa die gleiche Chance am Leben zu bleiben, wie Knaben. Aber noch klingt die Einstellung von Jahrtausenden in dem schadenfrohen Bedauern nach, auf das eine Frau rechnen muß, die *nur* Mädchen geboren hat. Noch erziehen Millionen von Eltern in Europa ihre Töchter zu Dienstmägden des künftigen Gatten. Die Diskriminierung von Mädchen in Ausbildung und Lohn ist keine Sache der Vergangenheit.

Die rechtliche Stellung des Kindes in der modernen Gesellschaft ist in Fluß geraten. Ein „Ding" ist es längst nicht mehr, obwohl man es noch zur Adoption „frei geben" kann. Das Kind ist ein Wesen eigenen Rechts geworden. Selbst in einer so traditionell geordneten Gesellschaft, wie der französischen, ist es seit 1970 nicht mehr der „väterlichen Gewalt" sondern nur noch der „elterlichen Autorität" unterworfen.

In der Bundesrepublik Deutschland ist der Gesetzgeber eher geneigt, mit den Restbeständen der familiären Ordnung zu experimentieren:
„Nehmen die Eltern offensichtlich keine Rücksicht auf Eignung und Neigung des Kindes und wird dadurch die Besorgnis begründet, daß die Entwicklung des Kindes nachhaltig und schwer beeinträchtigt wird, so entscheidet das Vormundschaftsgericht." Seit dem Frühjahr 1979 eröffnet unter dem Oberbegriff des „elterlichen Sorgerechts" ein Gesetzesparagraph dem Kind weitgehende Beschwerderechte (in der Theorie) und dem Staat eine hübsche Palette von Eingriffsmöglichkeiten gegen die Eltern (in der Praxis): zum Beispiel in Angelegenheiten der Berufswahl.

Eine vergleichsweise hohe Zahl von Kindesmißhandlungen in der Bundesrepublik (1479 polizeibekannte Fälle im Jahre 1977) veranlaßte den Bundestag, in das Gesetz den Satz aufzunehmen: „Entwürdigende Erziehungsmaßnahmen sind unzulässig." Was diesem Verbot an Präzision mangelt, wird sicher durch den Eifer der Behörden mehr als wettgemacht. Die Gesetzgebung entspricht der weitverbreiteten Neigung der Eltern in der westlichen Welt, die Erziehung des Kindes unter amtliche Aufsicht zu stellen und die eigene Verantwortung abzugeben.

Wenn das ein Minus ist, so ist das folgende ein Plus: Prügel von der Hand des Lehrers ist neuerdings in Ländern wie Schweden verboten, in den USA wird das Prügeln entmutigt. Die Prügelstrafe an Kindern wird nur noch in ganz selbstsicheren Gesellschaften wie der englischen als nützlich betrachtet. In ganz unsicheren, wie der deutschen, wird sie zwar vollzogen, aber schlechten Gewissens.

In bewußter Konsequenz wird die Übernahme der Erziehung durch den Staat in totalitären Einparteiensystemen betrieben. Die dort herrschenden Erziehungsideale erweisen sich bei genauer Betrachtung meist als philosophische Spätfrüchte Platos und des spartanischen Systems der Elitenzüchtung. Geographisch ist das nächstliegende Beispiel die DDR, historisch das Dritte Reich. Die Hitlerjugend sollte zäh wie Leder, flink wie eine Meute Windhunde und hart wie Kruppstahl sein. Spartanische Ideale mit Marschmusik als akustischer Kulisse. Mädchen waren gerade noch als Gebärmaschinen gut genug.

Die Verstaatlichung der Erziehung, hier und da eine Wohltat, mutet den Betrachter von zwei Jahrtausenden Kindheit im ganzen eher bedrohlich an. Immer häufiger behandelt der Staat das Kind wie eine ihm zustehende Beute.

Die vordrängende Macht des Staates über das Kind wird darin sichtbar, daß Kinderarbeit in der Industrie fast vollkommen abgeschafft ist – sicher ein Plus – und daß Arbeit sich gänzlich in die Schule verlagert – vielleicht ein Minus in unserer Bilanz. Vom Eintritt in den Kindergarten bis zum Verlassen der Universität dauert es runde 20 Jahre. Die Schule schiebt sich zwischen Kind und Welt. Lebensübung im Sinne John Deweys wird sie aber nicht. Vielmehr droht sie mit nahen und fernen Examen und dem Numerus clausus. Sie erzeugt Furcht vor dem Versagen im späteren Beruf – und das in einem kindlichen Lebensalter, das noch viele Jahre von der Ausübung dieses Berufs entfernt ist.

Die negativen Folgen der Verschulung werden durch die Unsicherheit der Schulreformer verstärkt. Sie lösen die traditionelle Lebensgemeinschaft der Schulklasse auf, können sich aber nicht einigen, ob Kinder die Mengenlehre oder die Großbuchstaben in Kursen, Gruppen oder Orientierungsstufen lernen sollen. Einig sind sie sich nur darin, daß gute Manieren nicht zum Lernstoff gehören. Erzieher des 17. Jahrhunderts würden verzweifeln!

Rechnet man Plus und Minus gegeneinander auf, so hat sich im Verlauf von zweitausend Jahren wohl in erster Linie die physische Sicherheit des Kindes erhöht. Kein Kind von heute wird wünschen, vor seiner Zeit gelebt zu haben. Aber daß der Abschied von der Kindheit vielen so schwer fällt und manchen nie gelingt, ist ein Minus. Es läßt darauf schließen, daß die psychische Vorbereitung auf das Erwachsensein zum Schaden des Kindes vernachlässigt wurde.

In der westlichen Zivilisation hat hier und da die Auffassung Fuß gefaßt, daß es in der Erziehung ausschließlich auf die Einfühlung in die eigene Art des Kindes ankommt und nicht auf seine Anpassung an die Forderungen der Zivilisation. Wir sind eifrig bei der Erprobung solcher Theorien und vergessen leicht, daß wir da einem Scheingegensatz aufsitzen.

Wir kennen dank Montessori die Bedürfnisse des Kindes besser als früher. Seine Beweggründe liegen dank Sigmund Freud offener. Aber es gibt auch noch den Doktor Schreber in uns, dem es gefällt, mal die Erwachsenen, mal das Kind zu schikanieren. Oft wird gegen die Gesellschaft der Vorwurf der Kinderfeindlichkeit erhoben. Doch gemessen an der Einstellung der Erwachsenen vor tausend oder zweitausend Jahren vergöttern wir heute das Kind.

Die Überlebenschance des Kindes ist heute größer denn je. Seine Lebenstüchtigkeit wird jedoch gefährdet durch die Isolation in Erziehung und Schule und durch die Reizüberflutung in einer übertechnisierten Umwelt. Kinder sitzen in der Bundesrepublik beispielsweise täglich im Durchschnitt 80 Minuten vor dem Bildschirm. In anderen westlichen Industrieländern noch länger. Eine unerfreuliche Folge: Es wird vom frühesten Lebensalter an mit Informationen und Reizen überschüttet und verwirrt. Die Wirklichkeit begegnet dem Kind kaum noch unmittelbar – wie damals, als es inmitten der Geschwister und erwachsenen Verwandten, zwischen Dienstboten und Herrschaften aufwuchs, alles sah, alles vernahm, alles erfuhr, alles lernte, was zum Leben gehörte. Fernsehen vermittelt Wirklichkeit aus zweiter und dritter Hand. Es wird Kindern immer schwerer gemacht zu unterscheiden, was wirklich, was wesentlich, was wahr ist.

Hilfen zur Bewältigung der Flut von Informationen und Reizen sind rar. Zwar gibt es auch Eltern, die nicht nur mit ihren Kindern gemeinsam vor dem Bildschirm sitzen, sondern mit ihnen die Informationen aufarbeiten, ihnen Beurteilungsmaßstäbe an die Hand geben, ihren Fernsehkonsum dosieren. Die meisten aber setzen da ihre Erwartungen auf den Lehrer, sofern sie es überhaupt für nötig befinden, so etwas wie Medienerziehung zu betreiben.

Gegen Ende des zweiten Jahrtausends stellt sich uns heute die Frage, ob im Getriebe der Massengesellschaft ein zwangloses Aufwachsen des Kindes möglich ist. Gesucht wird nach einem reibungslosen, schmerzlosen Übergang aus der physisch sicherer gewordenen Kinderwelt in die komplizierte Bedrohtheit des Erwachsenendaseins. Schule und Staat, Partei und Kirche, Gewerkschaften, Verbände, Pädagogik, Publizistik und Theater liefern widersprüchliche Anweisungen. Manche laufen auf die Demontage der Familie hinaus. Gerade die Familie aber ist als Schutzraum nötig, damit sich das Verhältnis zwischen Kind und Erwachsenen trotz der Belastungen des späten 20. Jahrhunderts günstig entwickeln kann. Unsere Epoche braucht sie mehr denn je als Pufferzone zwischen dem einzelnen und der Gesellschaft. Wir schließen unsere Bilanz mit einem leichten Plus für das Kind, wenn sich der Schutzraum Familie ohne Einbuße ins nächste Jahrtausend retten läßt.

Literaturhinweise

Erst seit einem Menschenalter hat sich die Geschichtswissenschaft des Themas „Kindheit“ angenommen. Es gab zwar schon lange Stoffsammlungen, wie das „Kinderleben in der deutschen Vergangenheit“ von Hans Boesch (1900). Aber die Augen geöffnet hat uns erst Philippe Ariès mit seinem Buch über Kind und Familienleben im Ancien Regime (deutsch „Geschichte der Kindheit“, Hanser Verlag, München 1975). Ariès hat als erster eine Theorie historischer Wandlungen der Kindheit von einer Epoche zur anderen aufgestellt.

Ihm folgte Lloyd deMause als Herausgeber einer History of Childhood (deutsch „Hört Ihr die Kinder weinen“, Suhrkamp, Frankfurt/M 1978). Seine Mitarbeiter versuchen mit psychoanalytischen Methoden zu ergründen, was literarische Texte, Inschriften, Briefsammlungen und Autobiographien der Vergangenheit über die Kindheit wirklich aussagen.

Die Auswahl der Quellen ist bei deMause notwendigerweise zufällig. Überhaupt klaffen in der wissenschaftlichen Forschung noch große Lücken. In Edward Shorters „The Making of the Modern Family“ (deutsch „Die Geburt der Modernen Familie“, Rowohlt Verlag, Hamburg 1977) bekommt die Darstellung jedoch schon eine breitere Basis.

Shorter verwendet Regionalgeschichten, amtsärztliche Berichte, Tauf- und Sterberegister, behördliche Statistiken des 17.–19. Jahrhunderts vorwiegend aus Frankreich und Deutschland, um zu beschreiben, wie dramatisch sich die Einstellung des Erwachsenen zum Kind gewandelt hat.

Hauptsächlich diesen Forschungen verdankt unser Buch sein Gerüst. Daneben haben wir uns vieler Einzeluntersuchungen bedient, die im nachfolgenden Verzeichnis aufgeführt sind.

Aland, Kurt: Die Stellung der Kinder in den frühchristlichen Gemeinden und ihre Taufe, München 1967
Alt, Robert: Bilderatlas zur Schul- und Erziehungsgeschichte, 2 Bände, Berlin-Ost 1965
Ariès, Philippe: Geschichte der Kindheit, München 1975
Bakan, David: The Slaughter of the Innocents, San Francisco 1971
Basedow, Johann Bernhard: Elementarwerk mit den Kupfertafeln von Daniel Chadowiecki, erstmals Leipzig 1782
Boesch, Hans: Kinderleben in der deutschen Vergangenheit, Nachdruck der Originalausgabe von 1900, Köln 1979
Borst, Arno: Lebensformen im Mittelalter, Berlin 1979
Brenner, Robert u. a.: Children and Youth in America. A Documentary History, 1600–1835. Cambridge 1970
Burton, Elizabeth: The Elizabethans at Home, London 1958
Comenius, Johann Amos: Orbis sensualium pictus, Nachdruck der Originalausgabe von 1658
Cunnington, Phillis/Buck, Anne: Children's Costume in England, London 1965
Curatalo, G. Emilio: Die Kunst der Inno Lucina in Rom. Geschichte der Geburtshilfe von ihren ersten Anfängen bis zum 20. Jahrhundert, Berlin 1902
Delcourt, Marie: Stérilités mysterieuses et naissances maléfiques dans l'antiquité classique, Liège 1938
Elias, Norbert: Über den Prozeß der Zivilisation, Frankfurt 1976
Erasmus von Rotterdam: Gesammelte Werke
Freud, Sigmund: Gesammelte Werke VII und VIII, Frankfurt
Friedlaender, Ludwig: Darstellungen aus der Sittengeschichte Roms, erstmals Leipzig 1922, Aalen ^{10}1964
Gausen, Peter: Die Geburtsstunde in Volksglauben und Statistik. Aus: Zusammenstellung für das Standesamtswesen, 1936
Harvey, F.J.: Children's Books in England: Five Centuries of Social Life, Cambridge 1966
Heigenmooser, Joseph/Bock, Alfons: Geschichte der Pädagogik. Quellenbuch und Überblick, München 1910
Hildebrandt, Paul: Das Spielzeug im Leben des Kindes, Berlin 1904, Nachdruck: Köln 1979
Klebe, Dieter: Gefäße zur Kinderernährung im Wandel der Zeit, Frankfurt/Main 1955
Könecker, Marie-Louise: Kinderschaukel. Ein Lesebuch zur Geschichte der Kindheit, München 1976
Kramer, Rita: Maria Montessori, New York 1976
Lasarett, Victor: Studies in the Iconography of the Virgin, Art Bulletin 20, 1938
Locke, John: Über die Erziehung
Marron, Henri Irénée: Geschichte der Erziehung im klassischen Altertum, Frankfurt 1977
Mause, Lloyd de: Hört Ihr die Kinder weinen, Frankfurt 1977. Originalausgabe: The History of Childhood, New York 1974

Montessori, Maria: Kinder sind anders, Stuttgart 1978
Müllerheim, Robert: Die Wochenstube in der Kunst, Stuttgart 1904
Neill, A.S.: Summerhill, New York 1960
Paoli, U.E.: Das Leben im alten Rom, Bern 1948
Pestalozzi, I.H.: Brief an einen Freund über Stans. In Werke, Bd. 2, Zürich 1946
Pinchbeck, Joy/Mayaret, Hewitt: Children in English Society, London 1969
Popenoe, Joshua: Summerhill, Hamburg 1971
Richter, Dieter: Das politische Kinderbuch, München 1973
Rousseau, J. J.: Emile, Stuttgart 1972
Rutschky, K. (Hg.): Schwarze Pädagogik, Berlin 1977
Sauerlandt, Max: Kinderbildnisse aus fünf Jahrhunderten der Europäischen Malerei von etwa 1450 bis etwa 1850, Königstein/Ts. und Leipzig 1921
Schatzmann, Morton: Soul Murder. Persecution in the Family. New York 1973
Schiller, Gertrude: Iconography of Christian Art, Vol. 1, New York 1971
Viguerie, Jean de: L'Institution des Enfants – L'Education en France 16e–18e siècle, Calmann-Lévy 1978
Waldmann, Emil: Das Bild des Kindes in der Malerei, Berlin 1940

Bildquellen

Arnold, Fritz, München
Assistance Publique, Paris
Bayerische Staatsbibliothek, München
Biblioteca Estense, Modena
Bibliothèque Interuniversitaire, Section Medecine, Montpellier
Bibliothèque National de Paris
Bodleian Library, Oxford
British Library, London
British Museum, London
Ecole Nationale Superieure des Beaux Arts, Paris
Galeria di Brera, Milano
Germanisches Nationalmuseum, Nürnberg
Grand Palais, Paris
Groß, Claus-Peter, Berlin
Hamburger Kunsthalle, Hamburg
Herzog-August-Bibliothek, Wolfenbüttel
Hirmer Fotoarchiv, München
Historisches Archiv der Stadt Köln
Liberty & Co. Ltd., London
Lindenau Museum, Altenburg
Musée des Beaux Arts, Brüssel
Musée Carnavalet, Paris
Musée Ingres, Montauban
Musée Lapidaire Paien, Arles
Musée du Louvre, Paris
Musées Royaux d'Art et d'Histoire, Brüssel
Museo di Castelvecchio, Verona
Museo Civico, Pisa
Museo Nazionale, Neapel
Museum für Kunst und Kulturgeschichte der Stadt Dortmund, Schloß Cappenberg
National Gallery, London
National Gallery of Art, Washington
Rheinisches Landesmuseum, Bonn
Rheinisches Landesmuseum, Trier
Ripartizione Belle Arti del Comune di Firenze
Römisch-Germanisches Museum, Köln
Sir John Soane's Museum, London
Staatliche Graphische Sammlung München
Staatliche Kunstsammlungen Dresden
Staatliche Museen Preußischer Kulturbesitz, Berlin
Staatliches Museum, Amsterdam
Staatliches Museum, Brügge
Städelsches Kunstinstitut, Frankfurt
Thermenmuseum, Rom
Uffizien, Florenz
Universitätsbibliothek der Universität Heidelberg
Victoria and Albert Museum, London
Wallraf-Richartz-Museum, Köln
Westermann Verlag, Braunschweig
Westfälisches Landesmuseum für Kunst und Kulturgeschichte, Münster
Zentralbibliothek Zürich

Zu den Autoren

Peter von Zahn wurde 1913 als fünftes Kind eines sächsischen Offiziers geboren. Er wuchs in Dresden auf, besuchte verschiedene humanistische Gymnasien und studierte Geschichte und Zeitungswissenschaft in Jena und Freiburg. 1939 promovierte er, heiratete eine Engländerin und wurde zu Wehrmacht und Krieg eingezogen. Bis 1945 war er als Kriegsberichter in Rußland, dann übernahm er leitende Funktionen im Nordwestdeutschen Rundfunk in Hamburg. Peter von Zahn berichtete fast zwanzig Jahre für Rundfunk und Fernsehen – meistens aus Amerika. 1960 machte er sich unter dem Firmenzeichen „Windrose-Film- und Fernsehproduktion" selbständig. Er schreibt und produziert kulturpolitische Dokumentationen, zeitgeschichtliche Fernsehspiele und Industriefilme. Peter von Zahn hat fünf Töchter.

Marie-Louise Plessen, geboren 1950 in Neustadt/Holstein, studierte Geschichte und Soziologie in München, 1974 Promotion zum Dr. phil. Ihre Arbeitsschwerpunkte sind Kulturgeschichte und Ikonographie des Alltagslebens, Histoire des mentalités. 1975–1978 machte Marie-Louise Plessen kulturhistorische Dokumentarfilme für das Deutsche Fernsehen, unter anderem in Zusammenarbeit mit Peter von Zahn, und gestaltete zusammen mit Daniel Spoerri Ausstellungen im Centre Pompidou Paris und im Kölnischen Kunstverein: Musée Sentimental. 1975 veröffentlichte sie außerdem eine Erzählung für Kinder: „Die Arche Noah muß schwimmen" (Ueberreuter Verlag, Wien). Seit Mitte 1979 arbeitet sie an einer Dokumentation für ein Projekt des WDR zur Preußen-Ausstellung 1981 in Berlin.